God tur
Lehrbuch der norwegischen Sprache

Bjørn Kvifte
Margit Berg

God tur

Lehrbuch der norwegischen Sprache

5. Auflage

gottfried egert verlag
2007

God tur. Lehrbuch der norwegischen Sprache

von
Bjørn Kvifte, Halden, und Margit Berg, Lippstadt

Illustrationen von Margit und Markus Berg

Bibliografische Information Der Deutschen Bibliothek
Die Deutsche Bibliothek verzeichnet diese Publikation in der Deutschen
Nationalbibliografie; detaillierte bibliografische Daten sind im Internet
über <http://dnb.ddb.de> abrufbar.

ISBN 978-3-926972-63-7	5., unveränderte Auflage 2007
ISBN 3-926972-63-7	4., unveränderte Auflage 2001
ISBN 3-926972-63-7	3., überarbeitete Auflage 1999
ISBN 3-927153-27-3	2., korrigierte Auflage 1991, Literaturverlag Norden
(ISBN 3-927153-27-3	Erstausgabe) 1991, Literaturverlag Norden

© gottfried egert verlag, Postfach 1180, D-69259 Wilhelmsfeld, 2007
www.egertverlag.de
Gedruckt auf Recyclingpapier aus 100% Altpapier
Alle Rechte vorbehalten
Herstellung: WM-Druck, Wiesloch
Printed in Germany

Vorwort

Das Lehrbuch GOD TUR richtet sich an Studierende der Nordistik/ Skandinavistikinstitute an Universitäten und Teilnehmer von Norwegischkursen an Volkshochschulen, aber es ist auch zum Selbststudium geeignet.

Aufgrund der großen Nachfrage erscheint das Lehrbuch in der 3. Auflage.

Ziel ist die Vermittlung von Grundlagen kommunikativer Kompetenz in der modernen norwegischen Sprache.

Das Lehrbuch umfasst 22 Lektionen. Jede ist in vier Teile gegliedert:

1. *Textteil*
2. *Vokabelliste*
3. *Grammatikteil*
4. *Übungsteil*

Der *Textteil* beginnt mit einem *Haupttext*, in dem neues Vokabular und neue grammatische Strukturen eingeführt werden. Die Haupttexte beziehen sich auf unterschiedliche Kommunikationssituationen, die sich jedoch zu einer zusammenhängenden Geschichte ergänzen.

Die ersten drei Lektionen spielen auf der Fähre zwischen Kiel und Oslo. Dort treffen sich die Hauptpersonen, das ältere Ehepaar Gerda und Wilhelm Kramer, Karin und Jens Homann mit ihren beiden Kindern Thomas und Sabine und der junge Student Christian Beck. Sie verbringen ihre Ferien an verschiedenen Orten in Norwegen und in der letzten Lektion sehen sie sich auf der Fähre bei der Rückfahrt nach Kiel wieder.

Im Anschluss an den Haupttext folgen mehrere *Sprachmustertexte*, in denen die neuen kommunikativen Lernziele in Minisituationen dargestellt werden.

Der Textteil schließt mit einem *Übungstext*, der den Haupttext in erzählender Form wiedergibt.

In der *Vokabelliste* sind die neuen Wörter nach Wortklassen und Reihenfolge im Text geordnet. Redewendungen, d.h. feste Ausdrucksformen, die nicht direkt ins Deutsche übersetzt werden können, stehen für sich.

Alle im Lehrbuch verwandten Wörter sind im Anhang des Buches noch einmal in einem alphabetischen norwegisch-deutschen Wörterverzeichnis aufgeführt.

Der *Grammatikteil* behandelt die grammatischen Schwerpunkte der jeweiligen Sprachsituation. Kontextualisierte Beispielsätze sind dem Deutschen gegenübergestellt, um Unterschiede und Gemeinsamkeiten der beiden Sprachen zu verdeutlichen. Am Ende der einzelnen Grammatikkapitel wird auf die entsprechenden Paragraphen der *Praktischen Grammatik der norwegischen Sprache* hingewiesen.

Der *Übungsteil* enthält zum einen strukturgebundene Übungen wie Einsetzübungen, Lückentexte, Frage- Antwortsätze u. ä., zum anderen freie Übungen wie Bildbeschreibungen, Dialoge auf der Grundlage von Illustrationen, Erzählen kleiner Geschichten, Rollenspiele u.ä. Diese Übungen sollen freiere Sprachverwendung fördern, wobei der bereits bekannte Stoff mit dem neuen kombiniert werden kann. Zu den Übungen ist ein Schlüssel erhältlich.

Die einzelnen Lektionen sind während der Entstehung des Lehrbuchs in der Praxis erprobt worden, u. a. an der Westfälischen Wilhelms-Universität Münster und an den Volkshochschulen in Münster und Lippstadt.

Der Titel GOD TUR heißt auf deutsch "Gute Reise". So wie die Hauptpersonen des Lehrbuches eine Reise unternehmen, ist auch das Erlernen einer Sprache wie eine Reise ins "Unbekannte".
Wir wünschen allen Lernenden hiermit "God Tur!"

Halden und Lippstadt, im Februar 1999   Bjørn Kvifte
                                                         Margit Berg

VI

Erläuterungen zu den Sprachmustertexten

Die Sprachmustertexte sind nach folgendem System aufgebaut:

- verschiedene Redewendungsmöglichkeiten sind durch Schrägstriche getrennt.
  Beispiel: "Hvordan står det til/ Hvordan har du det?"
  Es können zwei Fragen gebildet werden:
  "Hvordan står det til?" und "Hvordan har du det?"

- Wörter, die in Klammern stehen, können mitgesprochen oder weggelassen werden.
  Beispiel: "Hvordan går det (med deg)?"
  Es können zwei Fragen gebildet werden:
  "Hvordan går det?" und "Hvordan går det med deg?"

- Wörter, die sowohl in Klammern stehen als auch kursiv gesetzt sind, können mit dem Wort, bzw. der Wortgruppe links vor der Klammer ersetzt werden.
  Beispiel: "Unnskyld, hva heter du (*hun/han*)?"
  Es können drei Fragen gebildet werden:
  "Unnskyld, hva heter du?", "Unnskyld, hva heter hun?" sowie
  "Unnskyld, hva heter han?"

Inhalt

Grammatikübersicht

XIII

Lektion 1   PÅ VEI TIL NORGE MED FERGE

A Haupttext

Wilhelm Kramer:	God dag, jeg heter Wilhelm Kramer.
Jens Homann:	Morn, jeg heter Jens Homann.
Karin Homann:	Karin Homann, gleder meg. Dette er Thomas og Sabine.
Wilhelm Kramer:	Og dette er Gerda.
Gerda Kramer:	Hyggelig å treffe dere.
Christian Beck:	Hei, jeg heter Christian Beck. Jeg er tysk. Jeg kommer fra Bonn. Hvor kommer dere fra?
Jens Homann:	Vi er også fra Tyskland. Vi kommer fra Hamburg.
Gerda Kramer:	Vi kommer ikke fra Tyskland. Vi er fra Sveits.
Karin Homann:	Hvor bor dere i Sveits?
Wilhelm Kramer:	I Basel.

1

B Sprachmustertexte

1. A: Unnskyld, hva heter du (*hun/han*)?
   B: Jeg (*hun/han*) heter Aud (*Øystein*).

2. A: Hvor kommer du (*hun/han*) fra?
   B: Jeg (*hun/han*) kommer fra Norge (*Tyskland/Sveits/Østerrike*).

3. A: Hvor er du (*hun/han*) fra?
   B: Jeg (*hun/han*) er nordmann (*tysker/sveitser/østerriker*).

4. A: Er du (*hun/han*) norsk?
   B: Ja, jeg (*hun/han*) er norsk./
   Nei, jeg (*hun/han*) er tysk (*sveitsisk/østerriksk*).

5. A: Kommer du (*hun/han*) fra Norge?
   B: Nei, jeg (*hun/han*) kommer ikke fra Norge.

6. A: Er du (*hun/han/dere/de*) ikke fra Norge?
   B: Jo, jeg (*hun/han/vi/de*) er fra Norge./
   Nei, vi (*hun/han/vi/de*) er ikke fra Norge.

C Übungstext

Jens og Karin Homann er på vei
til Norge sammen med Thomas og
Sabine. De kommer fra Tyskland
og bor i Hamburg.

Christian Beck kommer fra Bonn.
Wilhelm og Gerda Kramer er ikke
fra Tyskland. De er fra Sveits, og er
også på vei til Norge med ferge.

Jens .. Karin Homann .. på vei
til ..... sammen med Thomas og
Sabine. De ...... fra Tyskland
og ... i Hamburg.

Christian Beck kommer ... Bonn.
Wilhelm og Gerda Kramer er ....
fra Tyskland. .. er fra Sveits, og er
.... på vei til Norge med ferge.

D Vokabelliste

Substantiv

Norge	Norwegen
Sveits	die Schweiz
Østerrike	Österreich
en dag	ein Tag
ei ferge	eine Fähre

Verb

å bo	zu wohnen
å hete	zu heiβen
å komme	zu kommen
å treffe	zu treffen
å være (er)	zu sein

Adjektiv

god	gut
hyggelig	nett
norsk	norwegisch
tysk	deutsch
sveitsisk	schweizerisch
østerriksk	österreichisch

Adverb

ikke	nicht
også	auch
sammen	zusammen

Konjunksjoner

og	und
å	zu

Preposisjoner

fra	von, aus
i	in
med	mit

Interjeksjoner

ja	ja
jo	doch
nei	nein
unnskyld	Entschuldigung
hei	hallo
morn	(guten) Tag

Pronomen

jeg	ich
du	du
han	er
hun	sie
vi	wir
dere	ihr
de	sie
hva	was (hier: wie)
hvor	wo
dette	dies

Uttrykk	Redewendungen
på vei	unterwegs
Gleder meg.	Es freut mich.
Hva heter du?	Wie heiβt du?

E Aussprache

- Legg merke til uttalen av (Beachten Sie die Aussprache von):

[uː]	b<u>o</u>, g<u>o</u>d, hv<u>o</u>r	[æɪ]	h<u>ei</u>, j<u>eg</u>, m<u>eg</u>, Sv<u>ei</u>ts
[ɔ]	k<u>o</u>mme, <u>o</u>gså	[œY]	<u>Ø</u>ystein
[oː]	<u>o</u>g, p<u>å</u>	[iː]	d<u>e</u>
[ʉː]	h<u>u</u>n, Hamb<u>u</u>rg	[ʃ]	unn<u>sk</u>yld
[æʉ]	<u>Au</u>d		

- Ikke uttalt blir (nicht ausgesprochen wird):

< d > i go(d), Tysklan(d), me(d), unnskyl(d)
< g > i o(g), hyggeli(g), o(g)så
< h > i (h)va, (h)vor
< t > i de(t)

F Grammatik

§ 1 Präsens

Jeg het*er* Jens.	Ich heiß*e* Jens.
Jeg bo*r* i Bonn.	Ich wohn*e* in Bonn.
Hun het*er* Gerda.	Sie heiß*t* Gerda.
Hun bo*r* i Basel.	Sie wohn*t* in Basel.
De het*er* Øystein og Aud.	Sie heiß*en* Øystein und Aud.
De bo*r* i Norge.	Sie wohn*en* in Norwegen.

- Die meisten norwegischen Verben enden im Präsens aller Personen auf -(*e*)*r*.
→ *Praktische Grammatik der norwegischen Sprache* §108, 133

§ 2 *Ja/jo* - Antwort

Er du tysk?	Bist du Deutscher/ Deutsche?
Ja, jeg er tysk.	*Ja*, ich bin Deutscher/ Deutsche.
Er du *ikke* tysk?	Bist du *kein* Deutscher/ *keine* Deutsche?
Jo, jeg er fra Tyskland.	*Doch* , ich bin aus Deutschland.

- *Jo* entspricht der deutschen *doch*-Antwort nach verneinter Frage.
→ *Praktische Grammatik der norwegischen Sprache* §178

4

§3 Wortstellung

Jeg heter Jens. Hva heter du? Jeg bor i Hamburg. Hvor bor du? Ich heiße Jens. Wie heißt du? Ich wohne in Hamburg. Wo wohnst du?
• Die Wortstellung im einfachen Hauptsatz ist wie im Deutschen. → *Praktische Grammatik der norwegischen Sprache* §193, 194

§4 Adjektiv

Jeg er *tysk*.	Ich bin *Deutscher/ Deutsche*.
Han er *norsk*.	Er ist *Norweger*.
Hun er *norsk*.	Sie ist *Norwegerin*.
Du er *sveitsisk*.	Du bist *Schweizer/ Schweizerin*.

• Im Norwegischen wird zur Angabe der Nationalität häufig ein geschlechtsneutrales Adjektiv gebraucht.
→ *Praktische Grammatik der norwegischen Sprache* §38ff

G Übungen

1. Skriv svarene (Antworten Sie schriftlich):

Er Jens Homann fra Hamburg?	Ja, ...
Er Christian Beck fra Bonn?	....
Er Gerda Kramer fra Basel?	....
Bor Thomas i Bonn?	Nei, ...ikke ....
Bor Jens og Karin i Basel?	....
Bor Sabine i Norge?	....
Heter han ikke Jens?	Jo,...
Bor han ikke i Hamburg?	....
Kommer du ikke fra Tyskland?	....
Er Thomas ikke tysk?	....
Hvor er Christian fra?	....
Hvor er Jens og Karin fra?	....
Hvor er Gerda fra?	....
Hvor er du fra?	....

2. Lag spørsmål (Bilden Sie Fragen):

a.

....?   Jeg heter Christian.
....?   Nei, jeg er ikke fra Basel.
....?   Fra Tyskland.
....?   Jo, jeg bor i Bonn.

b.

....?   Jeg heter Gerda.
....?   Nei, jeg er ikke tysk.
....?   Fra Sveits.
....?   Jo, jeg bor i Basel.

c.

....?   Jeg heter Øystein.
....?   Nei, jeg er ikke fra Sveits.
....?   Fra Norge.
....?   Jo, jeg bor i Oslo.

3. Rollespill:

A: Morn, jeg heter ....

      Hva ....?

B: ....

A: ....norsk?

B: ....ikke norsk.

A: Kommer ....?

B: Ja, ...

A: Bor du ikke ....?

B: ....

4. Se på bildene og lag dialoger (Sehen Sie sich die Bilder an und machen Sie Dialoge)

Karin Tyskland tysk Hamburg	Wilhelm Sveits sveitsisk Basel	Christian Tyskland tysk Bonn	Rud Norge norsk Oslo
Gerda Sveits sveitsisk Basel	Jens Tyskland tysk Hamburg	Lisa Østerrike østerriksk Linz	Eva Norge norsk Stavanger
Sabine Tyskland tysk Hamburg	Wenche Norge norsk Ålesund	Thomas Tyskland tysk Hamburg	Kristin Norge norsk Trondheim

Lektion 2 PÅ KAFÉ OM BORD

A Haupttext

Gerda:	Hallo Karin, hvordan har du det?
Karin:	Fint, og du?
Gerda:	Takk, bare bra. Hvor er Thomas og Sabine?
Karin:	De er ute og leker sammen med Jens.
Gerda:	Hvor er Christian?
Karin:	Jeg vet ikke.- - Å, der kommer han.
	Hei Christian, hvordan står det til?
Christian:	Takk, fint.
Karin:	Vil du sitte her?
Christian:	Ja takk, det vil jeg gjerne.

Wilhelm:	Vil dere ha noe å drikke?
Gerda:	Ja, jeg vil gjerne ha en kopp kaffe.
Wilhelm:	Vil du også ha en kopp kaffe, Karin?
Karin:	Ja takk.
Wilhelm:	Hva vil du drikke, Christian?
Christian:	Jeg tar ei flaske brus.
Wilhelm:	Og jeg tar et glass øl.

Gerda:	Hvem reiser du sammen med, Christian?
Christian:	Jeg reiser alene.
Karin:	Hva gjør du ellers?
Christian:	Jeg er student.
Gerda:	Hva studerer du?
Christian:	Jeg studerer norsk og engelsk i Bonn.
	Og hva gjør dere?
Wilhelm:	Jeg er pensjonist.
Gerda:	Jeg er husmor. Hva gjør du Karin?
Karin:	Jeg er sykepleier og Jens er lærer.
	Han arbeider i Pinneberg og jeg i Hamburg.

B Sprachmustertexte

1. A: Hvordan står det til?/Hvordan har du det?/
        Hvordan går det (med deg)?
    B: (Takk), (det går) fint (*bare bra/ganske bra/temmelig bra/
        ikke så verst/sånn passe*)./
        (Det går) (dessverre) ikke så bra (*dårlig/elendig*).

2. A: Vil du (*dere*) ha noe å drikke?
    B: Ja takk, det vil jeg (*vi*) gjerne.

3. A: Hva vil du (*dere*) (ha å) drikke?
    B: Jeg (*vi*) vil (gjerne) ha et glass øl (*brus/melk/vann*).

4. A: Vil du (dere) ha ei flaske brus (øl/cola)?
    B: Nei takk, (jeg (*vi*) vil heller ha en kopp kaffe (*te/kakao*).

5. A: Vil du ha te eller kaffe (*brus eller øl/melk eller vann*)?
    B: Jeg vil (helst) ha kaffe (*te/brus/melk/vann*), (takk).

6. A: Hva arbeider du med?/ Hva gjør du?
    B: Jeg er student (lærer/husmor/sykepleier/pensjonisᵗ

C Übungstext

Gerda og Wilhelm Kramer, Karin Homann og Christian Beck sitter på kafé.
Gerda og Karin drikker en kopp kaffe. Wilhelm tar et glass øl, og Christian vil ha ei flaske brus.

Christian reiser alene. Han er student og studerer norsk og engelsk i Bonn. Wilhelm er pensjonist og Gerda er husmor. Karin er sykepleier i Hamburg og Jens er lærer i Pinneberg. Jens drikker ikke kaffe. Han leker med Thomas og Sabine.

Gerda .. Wilhelm Kramer, Karin Homann og Christian Beck ...... på kafé.
Gerda og Karin .... en kopp kaffe. Wilhelm ... et glass øl, og Christian vil .. ei flaske brus.

Christian ...... alene. Han er student og .... norsk og engelsk i Bonn. Wilhelm er .... og Gerda er husmor. Karin er .... i Hamburg og Jens er ..... i Pinneberg. Jens .... ikke kaffe. Han ..... med Thomas og Sabine.

D Vokabelliste

Substantiv

en kafé	ein Café
en kopp	eine Tasse
en lærer	ein/e Lehrer/in
en student	ein/e Student/in
en sykepleier	ein/e Krankenpfleger/in
ei flaske	eine Flasche
en pensjonist	ein/e Rentner/in
ei husmor	eine Hausfrau
et glass	ein Glas
brus	Sprudel
kaffe	Kaffee
kakao	Kakao
te	Tee
vann	Wasser
øl	Bier
melk	Milch

Verb

arbeide	arbeiten
drikke	trinken
gjøre	tun, machen
ha	haben
leke	spielen
sitte	sitzen
studere	studieren
ta	nehmen
ville (vil)	wollen
vite (vet)	wissen
reise	reisen

Preposisjoner

| på | in, auf |

Adverb		_Adjektiv_	
alene	allein	engelsk	englisch
ellers	sonst	elendig	elend
bra	gut	fin	gut, schön
her	hier	dårlig	schlecht
der	dort		
fint	gut, schön		
gjerne	gerne		
dessverre	leider		
heller	lieber		
helst	am liebsten		
om bord	an Bord		
ute	draußen		
ganske	ziemlich		

Uttrykk	_Redewendungen_
Hvordan går det?	⎫
Hvordan har du det?	⎬ Wie geht's?
Hvordan står det til?	⎭
Bare bra.	Ganz gut.
Ganske bra.	Ziemlich gut.
Ikke så verst.	Nicht so schlecht.
Sånne passe.	Es geht so.
Han er ute og leker.	Er spielt draußen.

Pronomen

hvordan	wie
noe	etwas
hvem	wer, wen, wem

E Aussprache

- Legg merke til uttalen av (Beachten Sie die Aussprache von):

[ɑ]	flaske, glass, hvordan	[ɔ]	dårlig, gå, på
[ɑ:]	ha, ta, bra	[u:]	Cola, om bord, noe
[e:]	alene, te, studere, leke, en	[ʉ]	student, studere
[ɛ]	student, engelsk, heller, helst	[u:]	husmor, brus
[æ:]	lærer, være, der	[ʃ]	pensjonist
[œ]	Østerrike, øl	[ŋ]	engelsk
[ø:]	gjøre	[v]	vite, vet, vil, vann

- Ikke uttalt blir (Nicht ausgesprochen wird):

< d > i om bor(d)
< g > i (g)jerne, (g)jøre, elendi(g), dårli(g)
< h > i (h)vordan, (h)vem

F Grammatik

§ 5 Unbestimmter Artikel

Maskulinum	*en* student	ein Student
Femininum	*ei* flaske	eine Flasche
Neutrum	*et* glass	ein Glas

* Die einzigen Formen der unbestimmten Artikel sind
  en (mask.) *ei* (fem.) und *et* (neutr.)

→ *Praktische Grammatik der norwegischen Sprache* §33,1/ 34/ 35

§ 6 Infinitiv

Vil du *drikke* et glass melk?	Willst du ein Glas Milch *trinken*?
Vil du *reise* til Oslo?	Willst du nach Oslo *fahren*?
Vil du *ha* en kopp kaffe?	Willst du eine Tasse Kaffee *haben*?

* Die meisten Infinitive haben die Endung –*e*. Einsilbige Verben, die auf
  einen Vokal enden, haben keine Infinitivendung.
* Beachten Sie die Stellung des Infinitivs.

→ *Praktische Grammatik der norwegischen Sprache* §105

G Übungen

1. Spørsmål til hovedteksten (Fragen zum Haupttext):

Hva gjør Christian?   Han er ....

Hva gjør Karin?   ....

Hva gjør Wilhelm?   ....

Hva gjør Gerda?   ....

Hvor studerer Christian?   Han ....

Hvor arbeider Karin?   ....

Hvor arbeider Jens?   ....

2. Svar på spørsmålene. Begynn med *ja, jo* eller *nei* (Beantworten Sie die Fragen. Beginnen Sie mit *ja, jo* oder *nei.*):

Reiser Wilhelm alene?	Nei, han reiser ikke alene.
Drikker Gerda øl?	....
Studerer ikke Christian norsk?	....
Studerer Christian engelsk?	....
Arbeider Karin i Pinneberg?	....
Leker Jens med Thomas og Sabine?	....

3. Finn riktig svar (Suchen Sie die richtige Antwort):

Hva gjør du?	Han er ute.
Hvor bor du?	Han drikker et glass øl.
Hva heter du?	Jeg vil gjerne ha ei flaske brus.
Hvordan har du det?	Jeg bor i Bonn.
Hva studerer du?	Hun arbeider i Hamburg.
Hva vil du ha?	Jeg heter Christian.
Hva drikker Wilhelm?	Takk, fint.
Hvor er Jens?	Jeg er student.
Hvor arbeider Karin?	Jeg studerer norsk.

4. Lag spørsmål (Bilden Sie Fragen):

...................................?	Jeg heter Aud.
...................................?	Takk, fint.
...................................?	Jeg er fra Norge.
...................................?	Jeg bor i Oslo.
...................................?	Jeg er student.
...................................?	Jeg studerer norsk og tysk.
...................................?	Ja takk, det vil jeg gjerne.
...................................?	Nei, jeg vil heller ha et glass melk.

5. Svar på spørsmålene (Beantworten Sie die Fragen):

Bruk (Verwenden Sie):   Ja takk, gjerne./
                                 Ja, det vil jeg gjerne ha./
                                 Ja, jeg vil gjerne ha ....

Vil du ha   noe å drikke?   ....
             en kopp kaffe?   ....
             en kopp te?   ....
             en kopp kakao?   ....
             en cola?   ....
             ei flaske øl?   ....
             et glass melk?   ....
             et glass brus?   ....
             et glass vann?   ....

6. Lag så mange spørsmål og svar som mulig (Bilden Sie so viele
   Fragen und Antworten wie möglich.):

A: Vil du ha en kopp...........? (*ei flaske*..............?/ *et glass*.............?)
B: Nei takk, ...heller ha ....

A: Vil du ha kaffe eller te (*kakao/ melk/ brus/ cola/ vann*)?
B   Jeg ....helst ...., takk.

7. Rollespill: *På kafé* (Rollenspiel: Im Café):

Hjelpeord (Hilfsvokabeln) : *Hallo - hei - hvordan - bra - fint - vil - sitte -
takk - gjerne - hva - drikke - kaffe - te - helst - gjøre - studere -
arbeide - hvor.*

A: ....
B: ....
A: ....
B: ....
A: ....
B: .... (usw.)

14

Lektion 3   PÅ DEKK FEM

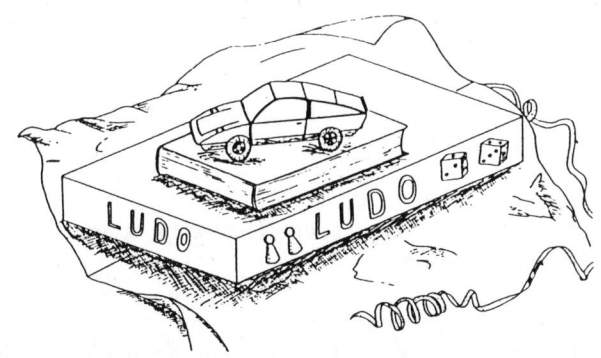

A Haupttext

Thomas:	Hei, Christian. Fint å se deg her. Kanskje du kan hjelpe meg?
Christian:	Hei, Thomas, hva er det?
Thomas:	Jeg leter etter Sabine. Vet du hvor hun er?
Christian:	Jeg tror hun er på dekk seks eller sju. Du er så fin i dag – ei ny bukse og en hvit genser og så tøff rød bil du har.
Thomas:	Ja, det er en presang. Jeg er ni år i dag.
Christian:	Gratulerer med dagen. Det er en veldig fin presang.
Thomas:	Tusen takk, men jeg har ikke bare en, jeg har tre. Se her, ei ny bok fra Sabine og et morsomt spill fra mamma og pappa!
Christian:	Feirer dere siden i dag?
Thomas:	Ja, på en dyr restaurant i Oslo. Jeg gleder meg.
Christian:	Det blir sikkert hyggelig. Vi er i Oslo om en time.
Thomas:	Så snart? Da må jeg gå til pappa og mamma.
Christian:	Du må hilse dem fra meg. Det er ikke sikkert jeg ser dere mer.
Thomas:	Ok, men du treffer oss sikkert et eller annet sted. Ha det!
Christian:	Ha det godt, Thomas, og god tur videre.

B Sprachmustertexte

1. A: Hei/Hallo/Morn/God dag.
   B: Hei/Hallo/Morn/God dag.

2. A: Vil du være så snill å hjelpe meg (*ham/henne/oss/dem*)?
   B: Ja, (det vil jeg) gjerne.

3. A: Hva har du (*Kari/Per*) på deg (*seg*)?
   B: Jeg (*hun/han*) har på meg (*seg*) ei lys (*mørk/ny*) skjorte og et lyst (*mørkt/ nytt*) slips (*skjørt*).

4. A: Hva har dere (*de*) på dere (*seg*)?
   B: Vi (*de*) har begge på oss (*seg*) ei hvit (*rød/brun*) bukse og en hvit (*rød/brun*) genser.

5. A: Hvor gammel er Kari (*Per*) i dag?
   B: Hun (*han*) er ett (*to/tre/fire/fem/seks/sju/åtte/ni/ti*) år (gammel).

6. A: Gratulerer (med dagen)!/ (Hjertelig) til lykke med dagen!
   B: (*Tusen/hjertelig/mange*) takk (skal du ha).

7. A: Ha det (bra)/ Morna/ På gjensyn/ Adjø (da)!
   B: Ha det (bra)/ Morna/ På gjensyn/ Adjø (da)!

C Übungstext

Thomas leter etter Sabine. På dekk fem treffer han Christian. Han gratulerer Thomas med dagen. Han er ni år i dag og har ei ny, blå bukse og en hvit genser på seg.
Han har ikke bare en presang, men tre – en tøff, rød bil, ei ny bok fra Sabine og et morsomt spill fra mamma og pappa. Siden feirer de på en dyr restaurant i Oslo. Det blir sikkert hyggelig.

Thomas ..... etter Sabine. På dekk fem .... han Christian. Han ....Thomas med dagen. Han er ni år i dag og har ei ny, ...bukse og en hvit genser på seg.
Han har ikke bare en ......, men tre – en tøff, rød bil, ei ny ... fra Sabine og et .... spill fra mamma og pappa. Siden ...... de på en dyr restaurant i Oslo. Det blir .... hyggelig.

D Vokabelliste

Substantiv   *Verb*

et dekk	ein Deck	se	sehen
ei bukse	eine Hose	kunne	können
en genser	ein Pullover	hjelpe	helfen
en bil	ein Auto	lete etter	suchen (nach)
en presang	ein Geschenk	tro	glauben
et år	ein Jahr	gratulere	gratulieren
ei bok	ein Buch	feire	feiern
et spill	ein Spiel	måtte (må)	müssen
mamma	Mama	hilse	grüßen
pappa	Papa	gå	gehen
en restaurant	ein Restaurant	bli	werden
en time	eine Stunde	ha på seg	anhaben
ei skjorte	ein Hemd		
et slips	ein Schlips		
et skjørt	ein Rock	*Adverb*	

		kanskje	vielleicht
Adjektiv		så	so
		i dag	heute
ny	neu	veldig	sehr
blå	blau	bare	nur
hvit	weiß	siden	später
tøff	toll	snart	bald
rød	rot	sikkert	sicher
morsom	lustig	mer	mehr
dyr	teuer		
lys	hell		
brun	braun	*Pronomen*	
mørk	dunkel		
gammel	alt	begge	beide

Konjunksjoner   *Preposisjoner*

men	aber	om	hier: in

E Aussprache

- Legg merke til uttalen av (Beachten Sie die Aussprache von):

[ɑ]	m<u>a</u>mma, p<u>a</u>ppa	[æɪ]	m<u>eg</u>, d<u>eg</u>, s<u>eg</u>
[ɑ:]	b<u>a</u>re, sn<u>a</u>rt	[ʊ]	b<u>u</u>kse
[ɛ]	<u>e</u>tter, h<u>e</u>nne	[u:]	b<u>o</u>k, tr<u>o</u>r
[e:]	s<u>e</u>, tr<u>e</u>, l<u>e</u>te	[ʉ:]	br<u>u</u>n, sj<u>u</u>
[ɪ]	sp<u>i</u>ll, h<u>i</u>lse		
[ɪ:]	b<u>i</u>l, t<u>i</u>me, bl<u>i</u>, f<u>i</u>n, s<u>i</u>den,	[ŋ]	presa<u>ng</u>
	hv<u>i</u>t, f<u>i</u>re	[s]	gen<u>s</u>er, <u>s</u>e, hil<u>s</u>e, ly<u>s</u>, <u>s</u>å
[æ]	hj<u>e</u>lpe		<u>s</u>ikkert, <u>s</u>iden, <u>s</u>eks
[æ:]	h<u>e</u>r	[ʃ]	kan<u>skj</u>e, <u>sj</u>u

- Ikke uttalt blir (Nicht ausgesprochen wird):

< d > i rø(d)
< g > i veldi(g)
< h > i (h)vit, (h)jelpe

18

F Grammatik

§7 Adjektiv vor unbestimmtem Substantiv im Singular

Maskulinum	en *fin* genser	ein *schöner* Pullover
Femininum	ei *fin* bukse	eine *schöne* Hose
Neutrum	et *fint* spill	ein *schönes* Spiel

- Das Adjektiv erhält vor unbestimmten maskulinen und femininen Substantiven *keine* Endung im Singular.
- Vor einem unbestimmten Neutrum endet das Adjektiv auf –*t*. Beachten Sie: ny – ny*tt* (vgl. §33).

→ *Praktische Grammatik der norwegischen Sprache* §38-42

§8 Personalpronomen

	Subjektsform		Objektsform		Reflexivform	
1.P.Sg.	jeg	ich	meg	mich, mir	meg	mich
2.P.Sg.	du	du	deg	dich, dir	deg	dich
3.P.Sg.	han	er	ham/han	ihn, ihm	seg	sich
	hun	sie	henne	sie, ihr	seg	sich
	den	er, sie	den	ihn, ihm, sie, ihr	seg	sich
	det	es	det	es	seg	sich
1.P.Pl.	vi	wir	oss	uns	oss	uns
2.P.Pl.	dere	ihr	dere	euch	dere	euch
3.P.Pl.	de	sie	dem	sie, ihnen	seg	sich

- Im Norwegischen gibt es nur eine Objektform, die sowohl dem deutschen Dativ als auch Akkusativ entspricht:

Jeg ser *deg*.   Ich sehe *dich*.   (Akkusativ)
Jeg hjelper *deg*.   Ich helfe *dir*.   (Dativ)

→ *Praktische Grammatik der norwegischen Sprache* §66, 71

19

§9 Personalpronomen 3.Person Singular

1. Jeg har en genser. *Den* er ny. Der sitter en student. *Han* heter Christian.	Ich habe einen Pullover. *Er* ist neu. Dort sitzt ein Student. *Er* heißt Christian.
2. Atle har ei bukse. *Den* er hvit. Der går ei husmor. *Hun* heter Gerda.	Atle hat eine Hose. *Sie* ist weiß. Dort geht eine Hausfrau. *Sie* heißt Gerda.
3. Han har et spill. *Det* er morsomt.	Er hat ein Spiel. *Es* ist lustig.

• Die Pronomen *han - ham* und *hun – henne* werden nur für Personen gebraucht.

→ *Praktische Grammatik der norwegischen Sprache* §67

§10 Infinitiv nach modalen Hilfsverben

De *vil* gjerne *drikke* kaffe. Jeg *kan* ikke *hjelpe* deg. Du *må* også *hilse* dem.	Sie *wollen* gerne Kaffee *trinken*. Ich *kann* dir nicht *helfen*. Du *mußt* sie auch *grüßen*.

• Wie im Deutschen steht nach den modalen Hilfsverben das Verb im Infinitiv.

→ *Praktische Grammatik der norwegischen Sprache* §153

§11 Grundzahlen

1	2	3	4	5	6	7	8	9	10
en	to	tre	fire	fem	seks	sju	åtte	ni	ti

→ *Praktische Grammatik der norwegischen Sprache* §53

G Übungen

1. Spørsmål til hovedteksten (Fragen zum Haupttext):

a) Hvor er Christian og Thomas?
b) Hva gjør Thomas?
c) Vet Christian hvor Sabine er?
d) Hva har Thomas på seg?
e) Hvor gammel er han i dag?
f) Har han bare en presang?
g) Hvor vil de feire siden?

2. Skriv tallene med bokstaver (Schreiben Sie die Zahlen in Worten):

| 1 | 2 | 3 | 4 | 5 | 6 | 7 | 8 | 9 | 10 |

....

3. Lag så mange spørsmål og svar som mulig (Bilden Sie möglichst viele Fragen und Antworten):

Spørsmål:

Hva har du (*hun/han/dere/de*) på deg (*seg/seg/dere/seg*)?

Svar:

Jeg		meg	en		genser
Han		seg	ei	blå/rød/hvit/ lys/mørk/ny/ fin/morsom/dyr	skjorte bukse
Hun	har på	seg			
Vi		oss	et	blått/rødt/hvitt/ lyst/mørkt/nytt/	slips skjørt
De		seg		fint/morsomt/dyrt	

21

4.a) Les teksten (Lesen Sie den Text):

Wilhelm og Gerda reiser med ferge til Norge. *De* har på *seg* bukse, skjorte og genser. *Karin* kommer og hilser på *dem*, og *de* hilser på *henne*.

b) Bytt ut (Ersetzen Sie):

*   *Wilhelm og Gerda* med *Christian/vi/dere/jeg*
*   *Karin* med *Jens/Sabine/Thomas*

Eksempel (Beispiel): *Christian* reiser med ferge til Norge. *Han* har på ....

5. Sett inn *hva*, *hvor*, eller *hvem* og svar på spørsmålene (Setzen Sie *hva*, *hvor* oder *hvem* ein und beantworten Sie die Fragen):

A: ...... leter Thomas etter?
B: ....
A: ...... treffer han Christian?
B: ....
A: ...... har Thomas på seg?
B: ....
A: ...... gammel er han i dag?
B: ....
A: ...... er de snart?
B: ....
A: ...... vil de gjøre i Oslo?
B: ....

6. Sett inn riktig form av verbet (Setzen Sie die richtige Verbform ein):

sitte – sitter | Gerda og Wilhelm ...... på kafé. Karin vil også .....
drikke – drikker | der. Wilhelm .... øl, men Karin vil .... kaffe. De vil
reise – reiser | ikke .... til Sverige eller Danmark. De .... til Norge.
ta – tar | De kan ikke .... ferge fra Kiel til Kragerø, men .... ferge fra Kiel til Oslo.
bo – bor | Gerda og Wilhelm .... i Basel. Karin kan ikke .... der.
arbeide – arbeider | Hun .... i Hamburg og vil ikke .... i Sveits.
leke – leker | Sabine er ute og ...., og Jens må .... med henne.
studere – studerer | Christian vil gjerne .... i Oslo, men han .... i Bonn.
lete – leter | Thomas .... etter Sabine. Christian vil også .... etter
være – er | henne. Han tror hun må .... på dekk seks eller sju, og hun .... på dekk sju sammen med Jens.

7.a) Sett inn rett pronomen. Se først på eksemplet (Setzen Sie das richtige Pronomen ein. Beachten Sie zuerst das Beispiel):

Eksempel: *Merethe* hilser på *Andreas og Cecilie. Hun* hilser på *dem.*

1. *Eva og Lars* gratulerer *Karin.*   .... gratulerer ....
2. *Karin* leker med *Lisa.*   .... leker med ....
3. *Petter* går til *mamma og pappa.*   .... går til ....
4. *Lars* ser *Eva.*   .... ser ....
5. *Eva* hjelper *Lars.*   .... hjelper ....

b) Bytt pronomen. Se først på eksemplet (Vertauschen Sie die Pronomen):

Eksempel: *Jeg* hjelper *deg.*   *Du* hjelper *meg.*

1. *Du* går til *henne.*   .... går til ....
2. *Hun* hilser på *ham.*   .... hilser på ....
3. *Vi* leker med *dere.*   .... leker med ....
4. *De* ser *oss.*   .... ser ....

8. Svar på spørsmålet. (Beantworten Sie die Frage):

Spørsmål: *Hva leter du etter?*

Svar:
Eksempel: en – tøff – bil   *Jeg leter etter en tøff bil*

1.   et – gammel – skjørt   ....

2.   en – fin – presang   ....

3.   ei – lys – bukse   ....

4.   ei – morsom – bok   ....

5.   en – blå – kopp   ....

6.   et – ny – slips   ....

7.   et – ny – spill   ....

9. Kryssord

waagerecht						19					
1. Thomas er ni år i ...			1								
2. Han har en fin ..... fra Sabine				2							
3. Men han har ikke .... en.				3							
4. Han har					4						
5. Christian .... Thomas	5										
med dagen.					6						
6. Tomas ..... (7.) ..... Sabine.	7										
8. Hun .. på (9.) .... seks				8							
(10.) ..... sju.				9							
11. De er i Oslo .. en (12.)	10										
13. ..... feirer de på en (14.) ...											
(15)				11							
16. Det blir sikkert		12									
17. Det er ikke sikkert Christian			13								
treffer Thomas											
18. Thomas tror han vil treffe					14						
Christian et eller ..... sted.	15										
		16									
senkrecht:			17								
19. Hva sier (*sagt*) Christian?			18								

10. Lag en dialog (Bilden Sie einen Dialog):

gratulere med dagen – tusen takk – hvor gammel - ... år i dag – en presang –
ei bok, ei bukse, ei skjörte – feire hvor – restaurant – ha det – ha det godt.

A: ....
B: ....
A: ....
B: ....
A: ....
B: ....
A: ....
B: ....
A: ....
B: ....

Lektion 4   EN DROSJETUR

A Haupttext

På Hjortneskaia

Gerda: Jeg er glad vi går på fast grunn igjen.

Wilhelm: Jeg også. Men med tre tunge kofferter håper jeg vi
            slipper å gå langt.

Gerda: Se, der borte står mange drosjer.

Wilhelm: Flott! Da går vi dit.

Wilhelm: Unnskyld, er De ledig?

Drosjesjåfør: Ja da, hvor mange kofferter har dere?

Wilhelm: Bare tre, men de er til gjengjeld svært tunge.

Drosjesjåfør: Det gjør ingenting. Jeg sleper så allikevel på tunge
              kofferter og vesker fra morgen til kveld. Hvor skal
              dere hen?

Gerda: Til Oslo Sentralstasjon. Vi skal reise med tog. Er
              det langt å kjøre dit?

Drosjesjåfør: Nei da, fire, fem kilometer kan jeg tenke meg. Det
              går fort med bil. Om ti, femten minutter er vi der.

Gerda: Fint! Da får vi god tid til å kjøpe billetter. Kanskje
              vi kan kjøpe noen norske aviser og ukeblad også.

Drosjesjåfør: Dere er utlendinger, ikke sant?
Gerda: Jo da, vi er ikke fra Norge.
Drosjesjåfør: Hvor kommer dere fra?
Gerda: Vi er sveitsere.
Drosjesjåfør: Men hvorfor snakker dere så godt norsk?
Gerda: Det er ikke første gang vi er i Norge. Vi har ei
             voksen datter her, så vi bor hos henne.

Drosjesjåfør: Nå er vi her.
Wilhelm: Hva koster det?
Drosjesjåfør: Det blir nitti kroner, takk.
Wilhelm: Vær så god, her er hundre kroner.
Drosjesjåfør: Takk, et øyeblikk så skal De få penger igjen. Vær
             så god, ti kroner tilbake.
Wilhelm: Takk og ha det bra!
Drosjesjåfør: Morna og god reise.

B Sprachmustertexte

1. A: (Unnskyld), er du ledig?
    B: Ja (da), (vær så god)./
        Nei, jeg er dessverre opptatt.

2. A: Hvor skal du (*dere*) (hen)?
    B: Jeg (*vi*) skal til Oslo (*Stavanger/Ålesund/Bergen/Tromsø*).

3. A: Er det langt (dit)? / Hvor langt er det (dit)?
    B: (Det er) to, tre (*fire, fem/ seks, sju/ åtte, ni*) kilometer.

4. A: Hvor kommer (*er*) dere fra?
    B: Vi er tyskere (*østerrikere/sveitsere*).

5. A: Hva (*hvor mye*) koster det? / Hvor mye blir det?
    B: (Det koster (*blir*)) ti (*tjue/tretti/førti/femti/seksti/sytti/åtti/nitti*)
        kroner.

C Übungstext

Gerda og Wilhelm er på Hjortneskaia.
De har bare tre kofferter, men de er til
gjengjeld veldig tunge. Snart ser de ei
ledig drosje. De kjører til Oslo
Sentralstasjon. Det er bare fire, fem
kilometer dit, og etter ti, femten
minutter er de der.
Det er ikke første gang de er i Norge.
De har ei voksen datter der, så de bor
hos henne. De har god tid til å kjøpe
billetter, og Gerda vil kjøpe noen
norske aviser og ukeblad også.

Gerda og Wilhelm er .. Hjortneskaia.
De har bare tre ...., men de er til
.... veldig tunge. Snart ser de ei
..... drosje. De ...... til Oslo
Sentralstasjon. Det er .... fire, fem
kilometer..., og etter ti, femten
.... er de der.
Det er ikke ...... gang de er i Norge.
De har ei ...... datter der, så de bor
hos ...... De har god tid til å kjøpe
........., og Gerda vil kjøpe noen
...... aviser og .... også.

D Vokabelliste

Substantiv

Hjortneskaia	Kai in Oslo
en koffert	ein Koffer
ei drosje	ein Taxi
en drosjesjåfør	ein Taxifahrer
en morgen	ein Morgen
en kveld	ein Abend
Oslo Sentralstasjon	Osloer Hauptbahnhof
et minutt	eine Minute
en billett	eine Fahrkarte
en avis	eine Zeitung
et ukeblad	eine Illustrierte
en utlending	ein Ausländer
ei datter	eine Tochter
ei krone	eine Krone
ei veske	eine Handtasche
penger	Geld
et tog	ein Zug
en kilometer	ein Kilometer

Verb

håpe	hoffen
stå	stehen
slippe	nicht brauchen
skulle (skal)	sollen
gå	gehen
slepe på	schleppen
få	bekommen
kjøpe	kaufen
snakke	sprechen
kjøre	fahren

Adjektiv

glad	froh
tung	schwer
flott	toll
ledig	frei
voksen	erwachsen
opptatt	besetzt

27

Adverb		tilbake	zurück
		veldig	sehr
igjen	wieder		
langt	weit	*Preposisjoner*	
mange	viele		
der	dort	hos	bei
dit	dorthin		
svært	sehr	*Pronomen*	
hen	hin		
fort	schnell	noen	einige
nå	jetzt	hvorfor	warum

Uttrykk			
på fast grunn	auf festem Boden	der borte	dort drüben
Unnskyld!	Entschuldigung!	vær så god	bitteschön
Det gjør ingenting.	Das macht nichts.	så allikevel	sowieso
Hvor skal dere hen?	Wohin möchten Sie?	hvor langt	wie weit
kan jeg tenke meg	schätze ich	til gjengjeld	dafür
god tid	viel Zeit	ikke sant	nicht wahr
ja da, jo da, nei da	ja, doch, nein	første gang	das erste Mal
Hvor mye koster/blir det?	Wieviel kostet es?	hvor mange	wie viele

E Aussprache

Legg merke til uttalen av:

[ɛ]	kveld, veske	[ɔ]	drosje, koste, tolv, flott, voksen,
[ɪ:]	avis	[ɔ:]	håpe, så, få, stå, nå
[ʊ]	koffert, fort, tung, borte,	[æɪ]	seksten
	opptatt, fjorten	[œY]	øyeblikk
[u:]	krone, noe	[ç]	kilometer, kjøpe, tjue
[ʉ]	grunn, minutt	[ŋ]	utlending, gang, tung
[æ]	vær så god	[ʃ]	drosjesjåfør, stasjon, unnskyld
[œ]	første, sytten		

Ikke uttal:

< d > i kvel(d), utlen(d)ing, go(d), ti(d), gla(d), vær så go(d), unnskyl(d)
< g > i i(g)jen, (g)jen(g)jel(d), ledi(g)
< v > i tol(v)

F Grammatik

§ 12 Der unbestimmte Plural

unbest. Singular (ubestemt entall)		unbest. Plural (ubestemt flertall)	
Mask.	en koffert (ein Koffer)	noen kofferter	(einige Koffer)
Fem.	ei krone (eine Krone)	noen kroner	(einige Kronen)
Neutr.	et minutt (eine Minute)	noen minutter	(einige Minuten)
	et glass (ein Glas)	noen glass	(einige Gläser)

- Die häufigste unbest. Pluralendung ist –er.
- Die meisten einsilbigen Neutra haben *keine* unbest. Pluralendung.

→ *Praktische Grammatik der norwegischen Sprache* §26, 27, 28

§ 13 Adjektiv vor unbest. Plural

unbest. Singular (ubestemt entall)		unbest. Plural (ubestemt flertall)
Mask.	en tung koffert	noen tunge kofferter
	(ein schwerer Koffer)	(einige schwere Koffer)
Fem.	ei norsk krone	noen norske kroner
	(eine norw. Krone)	(einige norw. Kronen)
Neutr.	et dyrt glass	noen dyre glass
	(ein teures Glas)	(einige teure Gläser)

- Adjektive enden im Plural auf –e.

→ *Praktische Grammatik der norwegischen Sprache* §38

§ 14 Grundzahlen

11	elleve	10	ti
12	tolv	20	tjue
13	tretten	30	tretti
14	fjorten	40	førti
15	femten	50	femti
16	seksten	60	seksti
17	sytten	70	sytti
18	atten	80	åtti
19	nitten	90	nitti

→ *Praktische Grammatik der norwegischen Sprache* §53

G Übungen

1. Spørsmål til hovedteksten:

a) Hvor er Wilhelm og Gerda?
b) Hvor mange kofferter har de?
c) Hvor langt er det til Oslo Sentralstasjon?
d) Hvor mye koster det med drosje?
e) Hvor mange kroner får Wilhelm tilbake?
f) Hva vil Gerda kjøpe?
g) Hvorfor snakker Wilhelm og Gerda så godt norsk?
h) Hvor bor de i Norge?

2. Lag spørsmål (Bilden Sie Fragen):

Drosjesjåfør: Ulla og Dieter:

.....................................?   Vi har bare to kofferter.
.....................................?   Til Oslo Sentralstasjon.
.....................................?   Ja da, vi er ikke fra Norge.
.....................................?   Vi er tyske.
.....................................?   Det er ikke første gang vi er i Norge.
.....................................?   Vi har ei voksen datter og bor hos henne.

3. Sett inn ubestemt flertall (Setzen Sie den unbest. Plural ein):

Sven: Se her, jeg har ikke bare en *presang*, jeg har to ....
Klaus: Men du har bare en *bil*, jeg har tre ....
Sven: Jeg har et nytt *tog*. Hvor mange .... har du?
Klaus: Jeg har to .... og en *stasjon*.
Sven: Jeg har to ....
Klaus: Vil du ha et *glass* brus?
Sven: Ja takk, men jeg vil helst ha to .... brus.

4. Sett inn ubest. adjektiv og substantiv i flertall:

Har du en *norsk avis*?   Jeg har to ....
Har du et *nytt spill*?   Jeg har tre ....
Har du ei *tung veske*?   Jeg har fire ....
Har du en *fin presang*?   Jeg har fem ....
Har du ei *norsk krone*?   Jeg har førti ....

5. a) Sett inn *hvorfor – hvor mye – hvor langt* og lag dialoger:

A: .... koster en *billett til Drammen*?   B: *100 kroner.*
A: .... er det dit?   B: Det er *40 kilometer.*
A: .... er det så dyrt?   B: Det er ikke dyrt.

b) Bytt ut med (Ersetzen Sie durch):

ei drosje til Oslo Sentralstasjon	90 kroner	2 kilometer
en billett til Nordstrand	60 kroner	3 kilometer

6. Sett inn ubestemt adjektiv og substantiv i flertall (Setzen Sie die unbest. Adjektive und Substantive in den Plural):

1. Har Wilhelm og Gerda en tung koffert?
   Nei, de har ....

2. Er det en kilometer til Oslo Sentralstasjon?
   Nei, det er ....

   Oslo Sentralstasjon 4

3. Står der bare ei ledig drosje?
   Nei, der står ....

4. Kjøper de bare en billett?
   Nei, de kjøper ....

5. Vil Gerda kjøpe en norsk avis?
   Nei, hun vil kjøpe ....

6. Er de der om et minutt?
   Nei, de er der om ....

7. Får Wilhelm ei norsk krone tilbake?
   Nei han får ....tilbake.

31

7. Skriv tallene med bokstaver (Schreiben Sie die Zahlen in Worten):

11	17	40 ....
12	18	50 ....
13	19	60 ....
14		70 ....
15	20	80 ....
16	30	90 ....

8. Rollespill: "En drosjetur"

A: Unnskyld, ...?
B: Ja da, vær så god. Hvor skal dere hen?
A: ....Oslo Sentralstasjon .... langt ....?
B: Nei da, ...kilometer kan jeg tenke meg.
A: .... god tid...
       ....

B: Dere er utlendinger, ikke sant?
A: ....
B: Hvor .... fra?
A: ....
B: Men hvorfor snakker ....?
A: ....
       ....

B: Nå er vi her.
A: ....?
B: ....kroner.
A: Vær så god, ...
B: Takk, et øyeblikk ....penger igjen.
       Vær så god .... tilbake.
A: Takk og ....
B: Ha det godt og god.......................................

Lektion 5   PÅ OSLO SENTRALSTASJON

A Haupttext

I billettluka

Wilhelm: Unnskyld, når går toget til Kragerø?
Billettøren: Jernbanestasjonen i Kragerø er dessverre nedlagt.
Wilhelm: Nedlagt?
Billettøren: Ja, men det er mulig å reise med toget til
             Neslandsvatn og så ta bussen derfra.
Wilhelm: Er ikke det litt tungvint?
Billettøren: Nei, det er raskeste måte uten bil.
Wilhelm: Når går neste tog til Neslandsvatn?
Billettøren: Et øyeblikk, så skal jeg se etter.
             Det går et tog midt på dagen fem over to og et om
             kvelden ti på sju.
Wilhelm: Da vil jeg gjerne ha to billetter til dagtoget.
Billettøren: På andre klasse og med plassreservering?
Wilhelm: Ja takk. Fins det en rabattordning for pensjonister?
Billettøren: Ja, men da må jeg se legitimasjonen.
Wilhelm: Vær så god, her er den.
Billettøren: Alt i orden. Det blir fem hundre kroner til sammen.
Wilhelm: Vær så god.

Wilhelm:	Når er vi på Neslandsvatn?
Billettøren:	Klokka ti på halv åtte.
Wilhelm:	Må vi bytte tog underveis?
Billettøren:	Nei, det er et direktetog, og det er nesten alltid i rute.
Wilhelm:	Men hvor finner vi bussen?
Billettøren:	Bussen til Kragerø står på stasjonen på Neslandsvatn. Den går klokka fem over halv åtte.
Wilhelm:	Og når er vi i Kragerø?
Billettøren:	Klokka kvart over åtte.
Wilhelm:	Kan jeg sende bagasjen for seg? Koffertene vi har, er veldig tunge.
Billettøren:	Det tar reisegodskontoret seg av. Vær så god, her er billettene.
Wilhelm:	Mange takk for hjelpen.
Billettøren:	Ingen årsak.

I jernbanekiosken

Gerda:	Jeg vil gjerne ha en norsk avis.
NN:	Hvilken skal det være, Aftenposten, Dagbladet eller kanskje Arbeiderbladet?
Gerda:	Jeg tar siste utgave av Aftenposten og Dagbladet, takk. Og så må jeg ha et ukeblad.
NN:	Hvilket da? Vi har så mange.
Gerda:	Har dere Familien?
NN:	Ja, det er nytt nummer i dag.
Gerda:	Fint, da tar jeg det.
NN:	Det blir...
Gerda:	Vent litt, jeg vil gjerne ha noen epler også. Hvilke av eplene vil De anbefale?
NN:	De er gode alle sammen.
Gerda:	Da tar jeg to grønne og fire røde epler.
NN:	Noe mer da?
Gerda:	Nei takk, det får være nok.

B Sprachmustertexte

1. A: (Unnskyld) når går toget til Trondheim (*Voss*)?
   B: (Det går et) klokka (*kvart på/ti på/fem på/kvart over/ti over*) elleve.

2. A: Når er vi i Trondheim (*på Voss*)?
   B: Vi er i Trondheim (*på Voss*) klokka (*halv/ti på halv/fem på halv/ti over halv/fem over halv*) sju.

3. A: Fins det en rabattordning for studenter (*pensjonister/familier*)?
   B: Ja, men da må jeg se studiebeviset (*aldersbeviset/legitimasjonen*).

4. A: (Jeg vil gjerne ha) to billetter på andre klasse (*første klasse*) til morgentoget (*dagtoget/kveldstoget/nattoget*), (takk).
   B: (Vær så god), det blir seks hundre kroner til sammen, (takk).

5. A: (Mange/tusen) takk for hjelpen.
   B: Ingen årsak/Bare hyggelig (å kunne hjelpe)/Ingenting å takke for.

6. A: Jeg vil gjerne ha en avis (*et ukeblad/noen aviser*).
   B: Hvilken (*hvilket/hvilke*) skal det være?
   A: (Jeg tar) siste utgave av VG (*Norsk Ukeblad/Nordlys og Fremover*).

C Übungstext

Wilhelm og Gerda vil reise med tog til Kragerø, men jernbanestasjonen er dessverre nedlagt. De må reise med tog til Neslandsvatn og så ta bussen derfra. Wilhelm kjøper to billetter på andre klasse. Det fins heldigvis en rabattordning for pensjonister, så det blir ikke så dyrt. Fem hundre kroner gir han til sammen for billettene. Wilhelm har tre tunge kofferter, og han sender koffertene for seg.
Gerda er i jernbanekiosken. Hun kjøper en norsk avis, men også noen epler, to grønne og fire røde.

Wilhelm og Gerda vil ..... med tog ... Kragerø, men jernbanestasjonen er dessverre .... De må reise med .... til Neslandsvatn og .. ta bussen derfra. Wilhelm ...... to billetter på andre klasse. Det ... heldigvis en rabattordning ... pensjonister, så det .... ikke så dyrt. Fem hundre ...... gir han til .... for billettene. Wilhelm har tre ...... kofferter, og han sender .... for seg.
Gerda er i .... Hun kjøper .. norsk avis, men ...... noen ......, to grønne og fire røde.

35

D Vokabelliste

Substantiv

billettluke /a	Fahrkartenschalter		
jernbanestasjon /en	Bahnhof		
buss /en	Bus		
klokke /a	Uhr		
dagtog /et	Tageszug		
direktetog /et	durchgehender Zug		
rabattordning /en	Preisvergünstigung		
legitimasjon /en	Ausweis		
bagasje /en	Gepäck		
reisegodskontor /et	Gepäckabfertigung		
utgave /en	Ausgabe		
eple /et	Apfel		
kiosk /en	Kiosk		
nummer /et	Nummer		
familie /en	Familie		
aldersbevis /et	Altersbescheinigung		
studiebevis /et	Studentenausweis		
morgentog /et	Frühzug		
kveldstog /et	Abendzug		
nattog /et	Nachtzug		

Verb

nedlagt	stillgelegt
finne	finden
bytte	umsteigen
sende	schicken
ta seg av	sich kümmern
anbefale	empfehlen
vente	warten

Adjektiv

mulig	möglich
tungvint	umständlich
rask	schnell
grønn	grün

Adverb

siste	der, die, das letzte
derfra	von dort
litt	ein bißchen
da	dann
underveis	unterwegs
alltid	immer
heldigvis	glücklicherweise

Preposisjoner

for	hier: für

Pronomen

når	wann

Uttrykk

midt på dagen	mitten am Tag	det fins	es gibt
alt i orden	alles in Ordnung	i rute	pünktlich
Mange takk for hjelpen.	Vielen Dank für die Hilfe.		
Vent litt!	Einen Augenblick, bitte!		
Ingen årsak	keine Ursache		
Noe mer (da)?	Sonst noch etwas?		
den raskeste måten	die schnellste Möglichkeit		
bare hyggelig	gern geschehen		
ingenting å takke for	nichts zu danken		
om kvelden	am Abend		
til sammen	zusammen		

E Aussprache

- Legg merke til uttalen av:

[ʊ]   t̲ungvint, n̲ummer
[u:]   n̲o̲e
[v]   V̲G

Ikke uttal:

< d >	i	allti(d)
< g >	i	muli(g), heldi(g)vis
< h >	i	(h)vilken, (h)vilket, (h)vilke
< t >	i	toge(t), kontore(t), nummere(t), eple(t), studiebevise(t)*
< v >	i	a(v), hal(v)

* (Das Endungs –t der bestimmten sächlichen Substantive wird selten ausgesprochen.)

F Grammatik

§ 15   Deklination der Substantive

	Singular (entall)		Plural (flertall)	
	unbest.	best.	unbest.	best.
Mask.	*en* buss	buss*en*	buss*er*	buss*ene*
	ein Bus	der Bus	Busse	die Busse
Fem.	*ei* klokke	klokk*a*	klokk*er*	klokk*ene*
	eine Uhr	die Uhr	Uhren	die Uhren
Neutr.	*et* tog	tog*et*	tog	tog*ene*
	ein Zug	der Zug	Züge	die Züge
	et eple	epl*et*	epl*er*	epl*ene*
	ein Apfel	der Apfel	Äpfel	die Äpfel

- Sowohl die bestimmte Form der Substantive im Singular, als auch deren unbestimmte und bestimmte Form im Plural werden durch Endungen gebildet.

→ *Praktische Grammatik der norwegischen Sprache §26f*

§ 16   Die Präpositionen *i* und *på*

Hun bor *i* Oslo.	Sie wohnt *in* Oslo.
Han arbeider *i* Kragerø.	Er arbeitet *in* Kragerø.
Vi er *på* Neslandsvatn.	Wir sind *in* Neslandsvatn.
De er *på* Tromøya.	Sie sind *auf* Tromøya.

- Im Norwegischen richtet sich der Gebrauch der Präpositionen *i* und *på* bei Ortsangaben nach der Größe und der geografischen Lage eines Ortes:

i   gebraucht man bei Städten und größeren Orten, aber auch bei kleineren Orten, die an der Küste liegen.

på   gebraucht man bei kleinen Orten, die im Landesinnern liegen und bei Inseln.

§ 17   Das Fragepronomen *hvilken*

Mask.	Hvilken koffert vil du ha?	Welchen Koffer willst du haben?
Fem.	Hvilken veske vil du ha?	Welche Tasche willst du haben?
Neutr.	Hvilket ukeblad vil du ha?	Welches Wochenblatt willst du haben?
Plural	Hvilke epler vil du ha?	Welche Äpfel willst du haben?

- Das Fragepronomen *hvilken* wird nach Geschlecht und Zahl gebeugt.
- Das Substantiv steht in der unbestimmten Form.

→ *Praktische Grammatik der norwegischen Sprache* §95

§ 18   *s*-Verb

Det må finne*s* en rabattordning.	Es muß eine Preisvergünstigung geben.
Det fin*s* en rabattordning.	Es gibt eine Preisvergünstigung.

- Im Norwegischen gibt es einige Verben, die im Infinitiv und Präsens auf –*s* enden. (vgl. § 34)

→ *Praktische Grammatik der norwegischen Sprache* §169,170

§ 19   Die Zeitangabe *Hva er klokka?/ Hvor mange (mye) er klokka?*

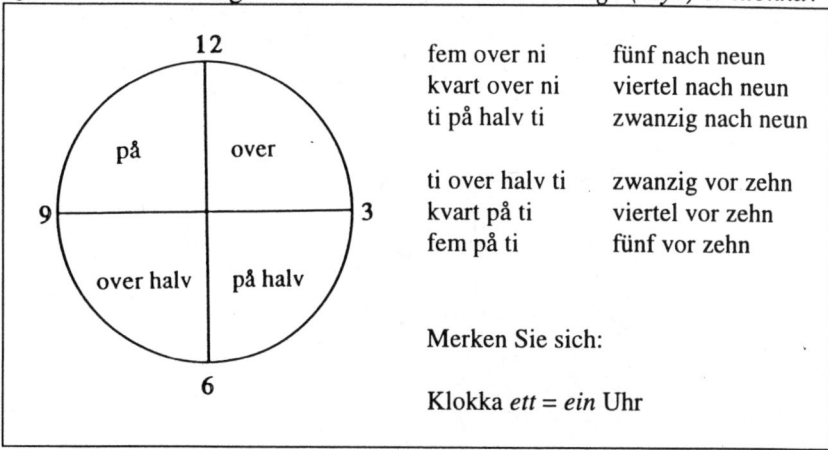

fem over ni	fünf nach neun
kvart over ni	viertel nach neun
ti på halv ti	zwanzig nach neun
ti over halv ti	zwanzig vor zehn
kvart på ti	viertel vor zehn
fem på ti	fünf vor zehn

Merken Sie sich:

Klokka *ett* = *ein* Uhr

G Übungen

1. Spørsmål til hovedteksten:

a) Hvor vil Wilhelm og Gerda reise?
b) Hvorfor kan de bare reise med tog til Neslandsvatn?
c) Hvordan kommer de fra Neslandsvatn til Kragerø?
d) Må de bytte tog underveis?
e) Hvor står bussen til Kragerø, og når går den?
f) Når er de i Kragerø?
g) Hvorfor vil Wilhelm sende bagasjen for seg?
h) Hvilke aviser kjøper Gerda i jernbanekiosken?
i) Hvor mange epler vil hun ha?

2. Lag spørsmål og svar (se på s.40):

Eksempel:

A: Hvor bor Bente?
B: Hun bor .... osv.

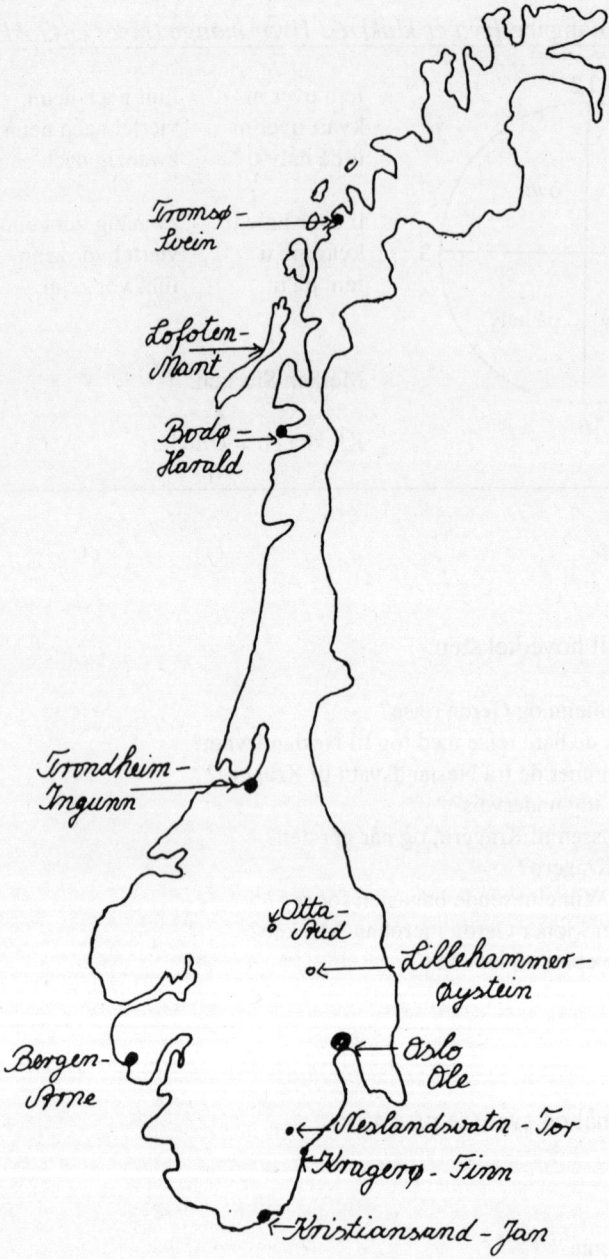

Tromsø-
Svein

Lofoten-
Marit

Bodø-
Harald

Trondheim-
Ingunn

Atta-
Fred

Lillehammer-
Øystein

Bergen-
Arne

Oslo
Ole

Veslandsvatn - Tor

Kragerø - Finn

Kristiansand - Jan

40

3. Sett inn riktig form av substantivene (Setzen Sie die richtige Form der Substantive ein):

Kari Berg vil reise med .... (dagtog) til Stavanger. Hun tar ...... (drosje) til .... (jernbanestasjon). .... (drosjetur) koster tretti .... (krone). Kari har fire .... (koffert) og ei .... (veske). .... (koffert) er tunge, og .... (reisegodskontor) tar seg av dem. .... (veske) tar hun. Hos .... (billettør) kjøper Kari en .... (billett). Det fins en .... (rabattordning) for .... (student), og .... (billettør) må se .... (studiebevis). .... (tog) skal gå .... (klokke) kvart på sju, og det står på .... (stasjon). Kari har god tid, så hun går til .... (kiosk) og kjøper noen ...... (avis), ... (ukeblad) og .... (eple). .... (avis), ... (ukeblad) og .... (eple) koster hundre kroner til sammen. I Stavanger skal hun bo hos Eva Jensen. Hun har med to .... (presang) til henne, ei .... (bok) og et ..... (spill). .... (bok) og ...... (spill) er ikke tunge, så hun har .... (presang) i ...... (veske).

4. Sett inn substantiv og øv dialogen (Setzen Sie die Substantive ein und üben Sie den Dialog):

A: Kan du kjøpe to .... brus,

noen .... og et ....?

B: Nei, jeg har dessverre ikke tid. Jeg skal til Bodø. Martin er sju .. i dag.

A: Har du en .... til ham?

B: Ja, jeg har to .... Se her!

Ei morsom .... og et fint ....

A: .... er veldig fine.

41

5. Sett inn i entall og flertall (Setzen Sie folgende Substantive im Singular und Plural ein):

ukeblad - avis - eple - veske - slips - skjorte - skjørt – koffert

A: Jeg vil gjerne ha en (ei/et/noen) ....
B: Hvilken (hvilket/hvilke) skal det være?
A: Jeg tar den (det/de) der.

6. Hva er klokka?/ Hvor mange (mye) er klokka?

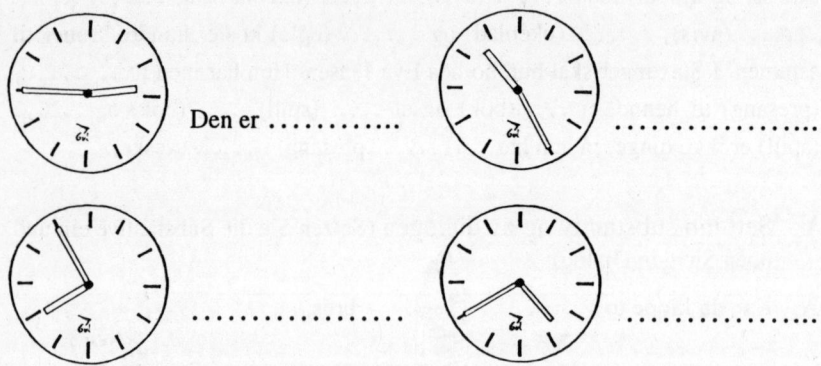

Den er ....

....

....

....

7. Rollespill (Rollenspiel)

a) I billettluka (Am Fahrkartenschalter)

Spørre om avgangs- og ankomsttider, rabattordninger, togbytte osv, kjøpe billetter. (Fragen nach Abfahrts- und Ankunftzeiten, Preisvergünstigungen, Umsteigemöglichkeiten usw., Fahrkarten kaufen.)

b) I kiosken (im Kiosk)

Kjøpe tre aviser, et ukeblad, fire epler og ei flaske brus. (Drei Zeitungen, ein Wochenblatt, vier Äpfel und eine Flasche Limonade kaufen.)

42

Lektion 6   PÅ HOTELL

A Haupttext

I hotellresepsjonen

Karin: Morn, har dere ledige værelser?
Mannen: Skal det være enkelt- eller dobbeltværelse?
Karin: Vi er fire personer. To voksne og to barn.
Mannen: Alle de store rommene med fire senger er dessverre
          opptatt, men vi har flere ledige dobbeltværelser.
Karin: Kan vi få to dobbeltrom ved siden av hverandre?
Mannen: Ja, det er ikke noe problem.
Karin: Er det med bad?
Mannen: Alle rommene har badeværelse med dusj og wc.
          Men vil dere ikke heller se på dem.
Karin: Jo, det vil vi gjerne.
Mannen   Det er rom nummer tjueseks og tjuesju.
          Vær så god her er nøklene.
Karin: Hvordan kommer vi dit?
Mannen: Rommene ligger i andre etasje på høyre siden i
          gangen. Dere kan gå opp trappa der borte eller ta
          heisen til venstre for resepsjonen.

Karin:	Min mann venter i bilen utenfor hotellinngangen. Det er jo nesten umulig å finne en parkeringsplass her i Oslo. Kan han stå der så lenge?
Mannen:	Det er helt i orden. Og vil dere bo her, så har vi egen parkeringsplass for hotellgjester.
Karin:	Fint, kom unger så tar vi en titt på rommene.

På hotellrommet

Sabine:	Se på det fine rommet!
Thomas:	Kjempeflott.
Sabine:	Den store dobbeltsenga er sikkert god med de myke putene og dynene.
Thomas:	Tv er der også. Lurer på om det er noen gode program i Norge.
Sabine:	Vi er vel ikke her i Norge for å se på tv.
Karin:	Nå må dere ikke begynne å krangle igjen. Synes dere vi skal ta rommene?
Thomas:	Selvsagt!
Karin:	Men med alle de flotte møblene og det store badeværelset er de sikkert dyre.
Sabine:	Jammen vi er jo ikke så ofte på ferie.
Thomas:	Dessuten sier du alltid at vi snakker for mye om penger.
Karin:	Vel vel, jeg skjønner vi må ta det.

B Sprachmustertexte

1. A: (Unnskyld), fins det et ledig værelse?
   B: Skal det være et enkeltrom (*dobbeltrom*)?

2. A: Er det ledig et enkeltværelse med dusj (*bad/toalett*)?
   B: (Dessverre), det er bare rom uten dusj (*bad/toalett*) ledige.

3. A: Kan jeg få et værelse mot gata (*gårdsplassen*)?
   B: Det er ikke noe problem.

4. A: Se på den fine sofaen (*lenestolen/duken*)!
   B: (Den er) kjempefin.

5. A: Se på den fine senga (*lampa/bokhylla*)!
   B: (Den er) kjempefin.

6. A: Se på det fine teppet (*bildet/bordet*)!
   B: (Det er) kjempefint.

7. A: Se på de fine sofaene (*sengene/teppene*)!
   B: (De er) kjempefine.

C Übungstext

Karin Homann er i hotellresepsjonen.
Hun vil ha et ledig værelse for fire
personer. Jens venter i bilen utenfor
hotellinngangen. Alle de store
rommene med fire senger er dessverre
opptatt, men det fins ledige
dobbeltrom med dusj og wc.

Karin vil helst ha to værelser ved
siden av hverandre. Mannen i
resepsjonen gir henne nøklene til
rom tjueseks og tjuesju. Karin,
Thomas og Sabine går opp trappa til
andre etasje og tar en titt på
rommene.

Sabine synes rommet med den store
dobbeltsenga og de myke putene er
kjempeflott. Rommene er dyre, men
de tar dem, for de er ikke så ofte på
ferie.

Karin Homann er i ....
Hun vil ha et ...... værelse for fire
.... Jens venter i bilen ....
hotellinngangen. Alle de store
rommene .... fire senger er dessverre
......., men det fins ledige
.... med dusj og wc.

Karin vil helst ha to .... ved
.... av hverandre. Mannen i
resepsjonen gir henne .... til
rom tjueseks og .... Karin,
Thomas og Sabine går opp trappa til
andre .... og tar en .... på
rommene.

Sabine synes rommet med den store
.... og de myke ...... er
kjempe...... Rommene er dyre, men
de .... dem, for de er ikke så ofte på
....

45

D Vokabelliste

Substantiv

resepsjon /en	Rezeption
værelse/et, rom /met	Zimmer
enkeltværelse /et	Einzelzimmer
dobbeltværelse /et	Doppelzimmer
person /en	Person
problem /et	Problem
seng /a	Bett
dobbeltseng /a	Doppelbett
barn /et	Kind
bad /et	Bad
dusj /en	Dusche
nøkkel /en	Schlüssel
etasje /en	Etage
gang /en	Flur
trapp /a	Treppe
heis /en	Aufzug
hotellinngang /en	Hoteleingang
parkeringsplass /en	Parkplatz
hotellgjest /en	Hotelgast
unge /en	Kind
pute /a	Kissen
dyne /a	Oberbett
tv /-en	Fernseher
program /met	Program
møbel /et	Möbel
sofa /en	Sofa
lenestol /en	Sessel
duk /en	Tischdecke
lampe /a	Lampe
bokhylle /a	Bücherregal
teppe /et	Teppich
bilde /et	Bild
bord /et	Tisch
gate /a	Straße
gårdsplass /en	Hof

Verb

ligge	liegen
gå opp	hinaufgehen
se på	anschauen
sove	schlafen
lure på	sich fragen
skjønne	verstehen
begynne	anfangen
krangle	sich streiten
synes	meinen
si	sagen

Adjektiv

voksen	Erwachsener
egen	eigen
kjempeflott	toll
myk	weich
stor	groß
umulig	unmöglich

Adverb

høyre	rechts
venstre	links
nesten	fast
så lenge	so lange
dessuten	außerdem

Preposisjoner

utenfor	draußen
mot	hier: zur, zum

Pronomen

hverandre	einander
flere	mehrere

E Aussprache

Legg merke til uttalen av: Ikke uttal:

[ʊ]	unger, rom	`<d>`	i	bor(d)
[ʃ]	resepsjon, dusj, etasje, skjønne	`<g>`	i	hotell(g)jest
[ç]	kjempeflott	`<v>`	i	sel(v)sagt
[j]	begynne	`<h>`	i	(h)verandre

F Grammatikk

§ 20   Adjektiv in prädikativer Stellung

Stolen er *dyr*.	Der Stuhl ist *teuer*.
Lampa er *dyr*.	Die Lampe ist *teuer*.
Bildet er *dyrt*.	Das Bild ist *teuer*.

Stolene ⎫
Lampene ⎬ er *dyre*.
Bildene ⎭

Die Stühle ⎫
Die Lampen ⎬ sind *teuer*.
Die Bilder ⎭

• Adjektive in prädikativer Stellung werden nach Geschlecht und Zahl
  unterschieden.

→ *Praktische Grammatik der norwegischen Sprache* §46

§ 21 Imperativ

Gå!	Geh(e), Geht, Gehen Sie!
Kjør!	Fahr(e), Fahrt, Fahren Sie!
Vent!	Warte, Wartet, Warten Sie!

- Der *Imperativ* hat im Norwegischen nur eine Form, die mit dem Verbstamm identisch ist.

→ *Praktische Grammatik der norwegischen Sprache* §148,149

§ 22 Der Adjektivartikel/ Die bestimmte Form des Adjektivs

Den dyre stolen	Der teure Stuhl
Den dyre lampa	Die teure Lampe
Det dyre bildet	Das teure Bild

De dyre	⎱ stolene ⎰ lampene ⎰ bildene	Die teuren	⎱ Stühle ⎰ Lampen ⎰ Bilder

- Wird ein bestimmtes Substantiv durch ein Adjektiv in attributiver Stellung ergänzt, tritt vor das Adjektiv der sog. *Adjektivartikel*: Mask. und Fem. *den*, Neutr. *det*, Plur. *de*.
- Das Adjektiv hat in der bestimmten Form die Endung *–e*.

→ *Praktische Grammatik der norwegischen Sprache* §33.3

§ 23 Grundzahlen

21	tjueen	/	enogtyve
22	tjueto	/	toogtyve
33	trettitre	/	treogtredve
44	førtifire	/	fireogførti
55	femtifem	/	femogfemti
66	sekstiseks	/	seksogseksti
77	syttisju	/	syvogsytti
88	åttiåtte	/	åtteogåtti
99	nittini	/	niognitti

- Im Norwegischen gibt es zwei verschiedene Zahlensysteme: *sekstini* oder *niogseksti*.

→ *Praktische Grammatik der norwegischen Sprache* §54

G Übungen

1. Spørsmål til hovedteksten:

a) Hvor er Karin?
b) Hvem snakker hun med?
c) Hva vil hun ha?
d) Hvorfor kan hun ikke få et stort rom?
e) Hvilke rom får hun?
f) Hvordan kommer hun dit?
g) Hvor er Jens?
h) Hvorfor venter han der?

2. a) Sett inn riktig imperativform og øv dialogen (Setzen Sie die richtige Imperativform ein und üben Sie den Dialog):

A: Du må *snakke norsk.*
B: Hva sier du
A: _____ norsk!

b) Bytt ut (Ersetzen Sie) *snakke norsk* med:

komme nå – gå dit – være rask – sitte der – ta bussen – reise med toget – vente her – kjøpe en avis – se på meg – drikke melka.

3. a) Les dialogen (Lesen Sie den Dialog):

Jens: Er det i orden med hotellrommene?
Karin: Ja, vi bor på 26 og 27.

b) Bytt ut *26 og 27* med:

31 og 32 – 43 og 44 – 56 og 57 – 67 og 68 – 76 og 77 – 88 og 89 – 94 og 95.

c) Skriv tallene med bokstaver (Schreiben Sie die Zahlen in Worten):

24 – 46 – 53 – 80 – 11 – 22 – 37 – 64

4. Se på bildet og lag dialoger (Betrachten Sie das Bild und bilden Sie Dialoge):

Eksempel: A: Se på den fine sofaen!
                        B: Ja, den er kjempefin.

5. Lag dialoger:

A: Jeg vil gjerne ha en (*ei/et/noen*) ....
B: Den (*det/de*) der er ....
A: Jeg tar heller den (*det/de*) .... der.

Sett inn adjektiv: god – fin – ny – morsom – dyr – rask – myk – stor – flott – blå – hvit – rød – brun – lys – mørk.

og substantiv: eple – bil – spill – seng – sofa – lenestol – bilde – bord – lampe – duk.

Eksempel: A: Jeg vil gjerne ha et rødt eple.
                        B: Det der er godt.
                        A: Jeg tar heller det fine eplet der.

6. Skriv teksten ferdig ved hjelp av ordene i parentesene (Vervollständigen Sie den Text mit Hilfe der Wörter in den Klammern):

Karin, Jens, Sabine og Thomas skal bo på et .... (dyr – hotell). Jens parkerer ....(rød – bil) på ....

.... (stor – parkeringsplass) ved siden av hotellet. De går opp .... (lang – trapp) til .... (rom) som ligger ved siden av hverandre. Sabine tror at .... (myk – dobbeltseng) må være god å sove i. Hun liker ....

(kjempeflott – rom) med .... (hvit – teppe) og ....

.... (fin – bilder). Thomas vil gjerne se på ....

(morsom – program) på .... (tv). Karin er på ....

(lys – badeværelse) med .... (flott – dusj)

7. Beskriv hvor resepsjonen, parkeringsplassen osv. er. Bruk uttrykkene (Beschreiben Sie die Lage der Rezeption, des Parkplatzes usw. Verwenden Sie folgende Ausdrücke):

til høyre for – til venstre for – ved siden av – utenfor

Eksempel: Resepsjonen ligger til venstre for inngangen.

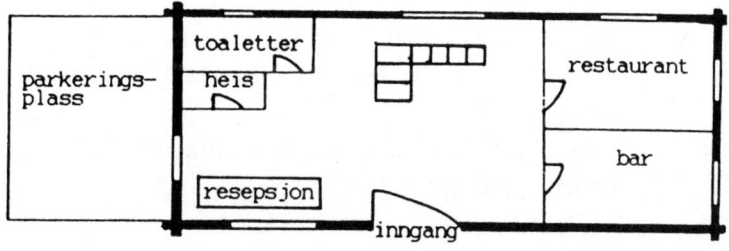

8. Rollespill: Bestille hotellrom (Hotelzimmer buchen)

Lektion 7 I BANKEN

1103425536

NORGES BANK

100

HUNDRE KRONER

A Haupttext

Utenfor hotellinngangen

Karin: Vi trenger mer penger.
Det er sannelig ikke billig å bo på hotell i Norge.

Jens: Da får vi finne en bank og løse inn en sjekk.

Karin: Vil du ikke parkere bilen først? Hotellet har egen garasje som vi får benytte, og en bank kan vi sikkert finne til fots.

Jens: Ok, så kan du imens forsøke å finne ut hvor den nærmeste ligger.

På gata

Karin: Unnskyld, kan du si meg veien til nærmeste bank?

En mann: Beklager, men jeg er bare på gjennomreise her, og er overhodet ikke kjent i Oslo. Du må spørre en annen.

Karin:	Unnskyld, men vet du om det fins en bank i nærheten?
Ei jente:	En bank? La meg se. Den nærmeste er antagelig i Parkveien.
Karin:	Hvordan kommer jeg dit?
Jenta:	Kjører du bil?
Karin:	Nei, vi skal gå.
Jenta:	Da er det ikke vanskelig. Ser du den store bygningen som ligger der borte?
Karin	Den store gule?
Jenta:	Akkurat. Gå forbi den og ta første vei til høyre. Så går du bare rett fram til det første lyskrysset.
Karin:	Er det langt?
Jenta:	Nei da, det er bare noen hundre meter. Og ved lyskrysset går du til venstre og følger veien nedover til du ser banken. Du kan ikke ta feil.
Karin:	Tusen takk for hjelpen.
Jenta:	Ingen årsak.

Siden i banken

Jens:	Jeg vil gjerne løse inn denne reisesjekken.
Bankfunk-sjonæren:	Takk for det, men det mangler en underskrift.
Jens:	Hvor skal jeg skrive under?
Bankf.:	Nederst til høyre der.
Jens:	Kan jeg få pengene i hundrekronesedler?
Bankf.:	Ja, men jeg må få se legitimasjon først.
Jens:	Holder det med passet?
Bankf.:	Ja, selvsagt.
Jens:	Vær så god, her er det.
Bankf.:	Takk, det er i orden. Vær så god ti hundrelapper.
Jens:	Takk, det stemmer. Adjø.
Bankf.:	Adjø.

B Sprachmustertexte

1. A: (Unnskyld, (men)) hvor er nærmeste bank
      (*legevakt/politistasjon/bensinstasjon*)?
   B: (Bare) følg veien bortover (*nedover/oppover*) her, så ser du den.

2. A: Unnskyld, (men) kan du (*De*) si meg veien til nærmeste
      postkontor (*apotek/supermarked/offentlige toalett*)?
   B: (Bare) ta veien til høyre (*venstre*) og gå rett fram.

3. A: Takk (*mange takk/tusen takk*) (for hjelpen).
   B: Ingen årsak./Bare en fornøyelse./Ingenting å takke for.

4: A: Jeg vil gjerne veksle noen tyske mark (*sveitserfranc/østerrikske
      shilling*).
   B: Kursen er gunstig i dag, men du (*De*) må betale et vekslegebyr.

5. A: Hvordan vil du (*De*) ha pengene?
   B: (Jeg vil gjerne ha) ni hundrelapper (*hundrekronesedler*), en
      femtilapp (*femtikroneseddel*), fire tiere og resten i småpenger.

C Übungstext

Hotellrom er ofte dyre i Norge. Jens
parkerer bilen, og Karin forsøker
imens å finne ut hvor nærmeste bank
ligger. Hun spør først en mann som
går forbi på gata. Han er bare på
gjennomreise og overhodet ikke kjent
i Oslo, men så kommer ei jente som
vet veien. Det er ikke langt, og Jens
og Karin går dit til fots.
Jens løser inn en reisesjekk. Først må
han skrive under, og så får han pengene.

Hotellrom er .... dyre i Norge. Jens
parkerer ....., og Karin forsøker
imens å ..... ut hvor nærmeste bank
.... Hun spør først en mann ...
går ..... på gata. Han er bare på
.... og overhodet ikke kjent
i Oslo, men så kommer ei ..... som
vet ...... Det er .... langt, og Jens
og Karin går dit til .....
Jens ..... inn en reisesjekk. Først må
han skrive ....., og så får han ....

D Vokabelliste

Substantiv		holde	genügen
		stemme	stimmen
gate /a	Straße	veksle	wechseln
bank /en	Bank	krysse	überqueren
sjekk /en	Scheck		
garasje /en	Garage	*Adjektiv*	
jente /a	Mädchen		
bygning /en	Gebäude	billig	billig
lyskryss /et	Ampelkreuzung	nær	nahe
underskrift /en	Unterschrift	vanskelig	schwierig
hundrekrone-	Hundertkronen-	gul	gelb
seddel /en	schein	gunstig	günstig
hundrelapp /en	"	offentlig	öffentlich
pass /et	Pass		
legevakt /en	ärztliche Soforthilfe	*Adverb*	
politistasjon /en	Polizeistation		
postkontor /et	Post	sannelig	wirklich
apotek /et	Apotheke	først	zuerst
supermarked /et	Supermarkt	imens	inzwischen
toalett /et	Toilette	overhodet	überhaupt
kurs /en	Wechselkurs	antagelig	wahrscheinlich
tier /en	Zehnkronenstück	iallfall	jedenfalls
rest /en	Rest	nedover	hinunter
vekslegebyr /et	Wechselgebühr	rett fram	geradeaus
småpenger	Kleingeld	nederst	ganz unten
		bortover	entlang
Verb		oppover	hinauf
		forbi	vorbei, vorüber
trenge	brauchen		
få	bekommen (vgl.§25)	*Pronomen*	
løse inn	einlösen		
benytte	benutzen	som	der, die, das
forsøke	versuchen	denne	dieser, diese,
finne ut	herausfinden		dieses
følge	folgen	*Konjunksjoner*	
ta feil	hier: sich verlaufen		
mangle	fehlen	at	dass
skrive under	unterschreiben	om	ob

nærmeste bank	die nächste Bank	til fots	zu Fuß
på gjennomreise	auf der Durchreise	Beklager.	Es tut mir leid.
i nærheten	in der Nähe	La meg se.	Einen Augenblick.
til høyre for	rechts neben	til venstre for	links neben
Må jeg få se.	Dürfte ich sehen.	nederst til høyre	rechts unten
Jeg er ikke kjent.	Ich kenne mich nicht aus.	Det holder med passet.	Der Pass genügt.

E Aussprache

Legg merke til uttalen av:

[ɑ]	gate, antagelig, garasje	[y]	bygning, benytte, lyskryss
[e:]	legevakt, apotek	[y:]	lyskryss
[ɪ:]	forbi	[æ:]	nærhet
[u]	bortover, oppover, om	[æɪ]	vei, feil
[u:]	overhodet	[ɔ:]	småpenger, få
[ʉ:]	kurs, gul, gunstig	[g]	gebyr

Ikke uttal:

< d >	i	hol(d)e
< g >	i	billi(g), vanskeli(g), antageli(g), (g)jennomreise
< t >	i	overhode(t)

F Grammatik

§ 24   Relativpronomen

Hotellet har egen garasje	Das Hotel hat eine eigene Garage,
som vi kan benytte.	*die* wir benutzen dürfen.
Ser du den store bygningen	Siehst du das große Gebäude,
som ligger der borte?	*das* dort hinten liegt?
Karin spør en mann	Karin fragt einen Mann,
som går forbi på gata.	*der* die Straße entlang geht.

- Das Relativpronomen hat im Norwegischen nur eine Form: *som*.

→ *Praktische Grammatik der norwegischen Sprache §85f*

§ 25   Das Verb *få*

als Vollverb *Får* jeg pengene?	*Bekomme* ich das Geld?

als Hilfsverb	a)	Vi *får* finne en bank. Wir *müssen* eine Bank finden.
	b)	*Får* jeg se legitimasjonen? *Darf* ich den Ausweis sehen?

- Als Vollverb hat *få* immer die Bedeutung *bekommen*.

- Als Hilfsverb kann *få* sowohl die Bedeutung *müssen* (a) als auch die Bedeutung *dürfen* (b) haben.

→ *Praktische Grammatik der norwegischen Sprache* §130,131

§ 26   Steigerung des Adjektivs

dyr	dyr*ere*	dyr*est*
billig	billig*ere*	billig*st*

- Die meisten Adjektive werden durch Anhängen der Endungen *-ere* und *-(e)st* gesteigert.

→ *Praktische Grammatik der norwegischen Sprache* §47f

§ 27   Wortstellung im Nebensatz

	Nebensatz		Nebensatz
Hun spør	om jeg *kan hjelpe* henne.	Sie fragt,	ob ich ihr *helfen kann*.
Han vet	hvor hun *bor* i Oslo.	Er weiß,	wo sie in Oslo *wohnt*.
De sier	at det *er* dyrt.	Sie sagen,	dass es teuer *ist*.
Hun spør	hva du *gjør* i dag.	Sie fragt,	was du heute *machst*.

- Vergleichen Sie die Stellung der Verben in den norwegischen und deutschen Nebensätzen.

→ *Praktische Grammatik der norwegischen Sprache* §232

G Übungen

1. Spørsmål til hovedteksten:

a) Hvorfor trenger Karin og Jens mer penger?
b) Hva forsøker de å finne?
c) Hvorfor vet ikke mannen som Karin spør, veien til nærmeste bank?
d) Hvem vet hvor banken ligger?
e) Hvor ligger den nærmeste banken?
f) Hvordan skal Karin gå for å komme til banken?
g) Hva vil Jens gjøre i banken?
h) Hva mangler på reisesjekken?
i) Hvor må Jens skrive under?

2. a) Øv dialogen:

A: Se på *det fine bildet*!
B: Jeg synes ikke at *det* er *det fineste* som er her. *Det* der borte er mye *finere*.
A: Ja, *det* er veldig *fint*.

2. b) Bytt ut *fin* med *rask – flott – morsom*
og *bilde* med *bil – skjorte – spill*:

3. Sett inn riktig ord (*at – om – hva – hvor*) og øv dialogen:

A: Vet du ...... du skal gjøre i kveld?
B: Ja, jeg tror ...... jeg skal se på tv. Hvorfor spør du?
A: Jeg vil gjerne vite ...... du kan hjelpe meg?
B: Bare si ...... det er.
A: Berit vil ...... jeg skal komme til henne i kveld.
B: Ja?
A: Og nå lurer jeg på ...... du kan kjøre meg dit.
B: Selvsagt, men jeg vet ikke ...... hun bor.
A: Hun bor ved siden av apoteket i Parkveien 34.
B: Da er det ikke noe problem. Jeg vet ...... det er.
A: Fint ...... du kan hjelpe meg, for det er langt å gå dit.
B: Bare hyggelig å kunne hjelpe.

4. Lag hovedsetningen til høyre om til relativsetninger (Bilden Sie aus dem rechten Hauptsatz einen Relativsatz):

Eksempel: Karin og Jens bor på et hotell. Det er dyrt.
→ Karin og Jens bor på et hotell *som* er dyrt.

Hotellet har egen garasje. Den kan de benytte.
De forsøker å finne en bank. Den ligger i nærheten.
Karin spør først en mann. Han er på gjennomreise.
Så spør hun ei jente. Hun vet hvor banken er.
Karin og Jens går til banken. Den ligger i Parkveien.
I banken får de to hundrekronesedler. De er røde.

5. Beskriv veien (Beschreiben Sie den Weg):

A: Unnskyld, hvor er nærmeste apotek?
B: Gå bortover . . . .
   og ta første vei til . . . .
   Apoteket ligger på . . . .

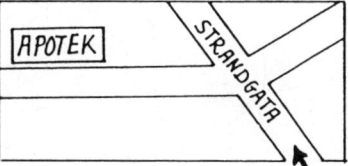

A: Unnskyld, vet du om det finnes en bensinstasjon i nærheten?
B: Gå . . . .
   til lyskrysset og ta veien . . . .
   Bensinstasjonen ligger på . . . .

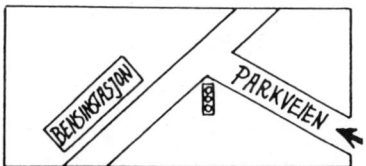

A: Unnskyld, kan du si meg veien til nærmeste supermarked?
B: Kryss . . . . og ta
   . . . . vei . . . .
   Supermarkedet er på . . . .

59

6. Se på kartet og lag dialoger (Bilden Sie Dialoge, schauen Sie dabei auf den Plan):

a) Du står utenfor jernbanestasjonen og vil vite veien til nærmeste bank (*apotek/hotell/legevakt/politistasjon/park/parkeringsplass/.....osv*.).

b) Du står i Kirkegata utenfor hotellet og vil vite veien til nærmeste supermarked (*bensinstasjon/kiosk/postkontor/restaurant/offentlige toalett/.....osv*.).

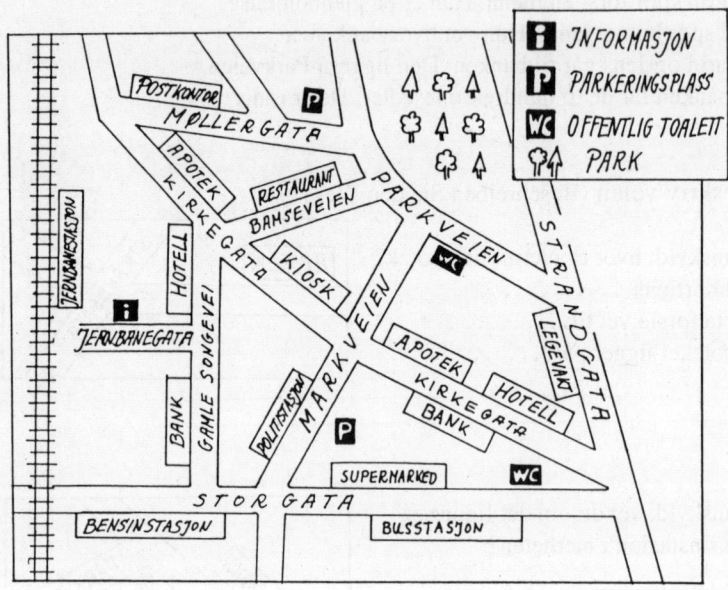

7. Rollespill:

a) Spørre etter veien (Sich nach dem Weg erkundigen):
Du er i en fremmed by og må finne en bank. (Sie müssen in einer fremden Stadt eine Bank finden.)

b) I banken:
Du er i banken og vil veksle inn 375 tyske mark. (Sie möchten in der Bank 375 DM wechseln.)

61

Lektion 8   EN HAIKETUR

A Haupttext

På E6 utenfor Oslo står Christian og haiker. En bil stanser.

Bilføreren: Hei, vil du sitte på?
Christian: Ja, mer enn gjerne.
Bilf.:   Har du stått her lenge?
Chr.:   I over tre timer. Det er sannelig ikke lett å haike i
              Norge.
Bilf.:   Nei, jeg har hørt at det kan være vanskelig. Skal du
              langt?
Chr.:   Jeg har tenkt meg en tur gjennom Gudbrandsdalen.
Bilf.:   Da har du flaks. Jeg skal til Otta. Bare hopp inn.
              Bagasjen din kan du legge i baksetet.

I bilen

Bilf.:   Har du vært i Norge før?
Chr.:   Nei, aldri. Jeg har ikke sett så mye av Norge.
Bilf.:   Du har kanskje ikke vært her så lenge?
Chr.:   Nei, det kan du trygt si. Jeg har bare vært her i
              landet ditt i fem, seks timer.
Bilf.:   Men hvorfor snakker du så godt norsk?
Chr.:   Jeg har studert norsk i Bonn i seks semester
              allerede. Jeg heter forresten Christian.
Bilf.:   Øystein Leite er navnet mitt. Det er bra du snakker
              så godt norsk, for tysken min er ikke mye å skryte
              av.
Chr.:   Er du også på ferie?
Øystein: Nei, jeg er handelsreisende. De koffertene der er
              fulle av prøvene mine.

62

Chr.:	Hva selger du?
Øystein:	Sport- og fritidsklær, joggedresser og sånt.
Chr.:	Synd at du ikke selger regntøy. Jeg har glemt regnfrakken min hjemme.
Øystein:	Værmeldinga for i dag er dessverre nokså dårlig: Utrygt for regnbyger og snøbyger i høyfjellet.
Chr.:	Hjelp, snøbyger i høyfjellet! Godt at jeg har tatt med meg den tjukke genseren min.
Øystein:	Hvis du har tenkt deg til fjells, er det nok best du kjøper nytt regntøy. I de norske fjellene må man være forberedt på all slags vær, også om sommeren når man minst venter det.
Chr.:	Ja, det er sikkert bedre å ha med seg for mye enn for lite. Jeg får investere i mer utstyr på Otta, selv om ryggsekken blir tyngre og lommeboka slankere.
Øystein:	Hva har du ellers tenkt å gjøre i Gudbrandsdalen?
Chr.:	Det viktigste for meg er å få oppleve norsk natur og kultur på nært hold.
Øystein:	Ja, natur og kultur er det nok av i Gudbrandsdalen.
Chr.:	Og så håper jeg selvsagt også at jeg blir kjent med noen nordmenn på turen.
Øystein:	Tja, nordmenn er ikke alltid de letteste å bli kjent med. Vi kan ofte virke litt kjølige og tilbakeholdne overfor utlendinger.
Chr.:	Det går nok bra. Vi tyskere er heller ikke alltid så impulsive, og de norske som jeg har truffet i Bonn, har vært kjempegreie.

Senere

Øystein:	Så, nå er vi på Otta.
Chr.:	Tusen takk for turen!
Øystein:	Ingenting å takke for. God tur videre.
Chr.:	Takk i like måte.

B Sprachmustertexte

1. A: Hvor lenge har du vært i Norge?
   B: Jeg har vært i Norge i fem timer (*dager/måneder/år*) nå.

2. A: Hvor skal jeg legge bagasjen min (*din/hans/hennes/vår/deres*)?
   B: Du kan legge bagasjen din (*min/hans/hennes/vår/deres*) på senga mi.

3. A: Hvor skal jeg sette flaska mi (*di/hans/hennes/vår/deres*)?
   B: Du kan sette flaska di (*mi/hans/hennes/vår/deres*) på bordet ditt.

4. A: Hvor er regntøyet mitt (*ditt/hans/hennes/vårt/deres*)?
   B: Regntøyet ditt (*mitt/hans/hennes/vårt/deres*) ligger i kofferten min.

5. A: Hvor er koffertene mine (*dine/hans/hennes/våre/deres*)?
   B: Koffertene dine (*mine/hans/hennes/våre/deres*) ligger i bilen din.

C Übungstext

Christian forsøker å haike på E6 utenfor Oslo. Han står i tre timer før en bil stanser. Bilføreren, som heter Øystein og er handelsreisende, skal til Otta. Christian vil mer enn gjerne sitte på, for han har tenkt seg til Gudbrandsdalen. Øystein kan ikke skjønne at Christian som bare har vært i Norge i fem timer, kan snakke så godt norsk. Og Christian forteller at han har studert norsk i Bonn i seks semester.
Christian må kjøpe nytt regntøy, for han har glemt regnfrakken, og værmeldinga er ikke god.
I Gudbrandsdalen håper han å få oppleve norsk natur og kultur, og han vil også gjerne bli kjent med noen nordmenn.

Christian . . . . å haike på E6 utenfor Oslo. . . . . i tre . . . . . før en bil stanser. Bilføreren, ... heter Øystein og . . . handelsreisende, skal . . . Otta. Christian vil mer . . . gjerne sitte på, for han har . . . . . . seg til . . . . Øystein kan ikke . . . . at Christian som . . . . . . har . . . . i Norge i fem timer, kan snakke så . . . . . norsk. Og Christian . . . . at han har . . . . . . norsk i Bonn i seks semester.
Christian må . . . . . nytt regntøy, for han har . . . . . . regnfrakken, og værmeldinga er ikke . . . .
I Gudbrandsdalen . . . . . . han å få oppleve norsk natur og kultur, og han . . . også gjerne bli kjent . . . . noen nordmenn.

D Vokabelliste

Substantiv

(haike)tur /en	Fahrt (per Anhalter)	hoppe inn	einsteigen
baksete /et	Rücksitz	legge	legen
land /et	Land	selge	verkaufen
time /en	Stunde	investere	investieren
semester /et	Semester	oppleve	erleben
navn /et	Name	virke	wirken
handelsreisende	Vertreter		
prøve /en	Probe		
sport- og	Sport- und Freizeit-		
fritidsklær	bekleidung	*Adjektiv*	
joggedress /en	Jogginganzug		
regntøy /et	Regenbekleidung	lett	leicht
regnfrakk /en	Regenmantel	trygg	sicher
værmelding /a	Wettervorhersage	bra	gut
regnbyge /a	Regenschauer	full	voll
snøbyge /a	Schneeschauer	tjukk	dick
høyfjell /et	Hochgebirge	slank, tynn	schlank, dünn
vær /et	Wetter	viktig	wichtig
sommer /en	Sommer	kjølig	kühl
utstyr /et	Ausstattung	tilbakeholden	zurückhaltend
ryggsekk /en	Rucksack	impulsiv	impulsiv
lommebok /a	Brieftasche	kjempegrei	sehr nett
natur /en	Natur		
kultur /en	Kultur		
nordmann /en,		*Adverb*	
-menn	Norweger S./Pl.		
tysker /en	Deutscher	aldri	nie
måned /en	Monat	allerede	schon
		forresten	übrigens
Verb		synd	schade
		nokså	ziemlich
haike	per Anhalter fahren	nok	hier: wohl
stanse	anhalten	hjemme	zu Hause
sitte på	mitfahren	ellers	sonst (noch)
høre	hören	ofte	oft

65

Preposisjoner		*Konjunksjoner*	
over	über	selv om	obwohl
gjennom	durch	hvis	wenn, falls
av	von	når	wenn (temporal)
overfor	gegenüber	enn	als (Vergleich)

Uttrykk

mer enn gjerne	nichts lieber als das	være nok av	reichlich vorhanden sein
i over tre timer	über drei Stunden	Skal du langt?	Möchtest du weit?
Jeg har tenkt meg...	Ich habe vor...	Du har flaks.	Du hast Glück.
ikke mye å skryte av	nicht der Rede wert	om sommeren	im Sommer
Er du på ferie?	Machst du Urlaub?	og sånt	und so (was)
utrygt for regnbyger	Schauerneigung	til fjells	ins Gebirge
være forberedt på all slags vær	sich auf jede Wetterlage einstellen	heller ikke	auch nicht
		på nært hold	aus nächster Nähe
når man minst venter det	wenn man es am wenigsten erwartet	bli kjent med	kennenlernen
		Takk i like måte.	Danke gleichfalls.

E Aussprache

Legg merke til uttalen av:

[ʊ]	tr<u>u</u>ffet	[j]	<u>j</u>oggedress
[æɪ]	r<u>e</u>gn	[ç]	<u>tj</u>ukk, <u>kj</u>ølig

Anmerkung:
In der Redewendung *Takk i like måte* wird das <k> in *like* wie ein [g] und das <t> in *måte* wie ein [d] ausgesprochen: [Tɑk ɪ liːgə mɔːdə].

Ikke uttal:

< d > i	lan(d)	< g > i	kjøli(g), vikti(g), (g)jennom
< h > i	(h)vis, (h)jemme, (h)jelp	< v > i	sel(v)

66

F Grammatik

§28 Possessivpronomen

		Maskulinum		Femininum		Neutrum		Plural
Singular								
1. Person	bilen	min	boka	mi	skjørtet	mitt	koffertene	mine
2. Person		din		di		ditt		dine
3. Person		hans		hans		hans		hans
		hennes		hennes		hennes		hennes
Plural								
1. Person		vår		vår		vårt		våre
2. Person		deres		deres		deres		deres
3. Person		deres		deres		deres		deres
Höflich-keitsform		Deres		Deres		Deres		Deres

- Die Possessivpronomen der 1. und 2. Person Singular und der 1. Person Plural werden adjektivisch dekliniert, d.h. nach Geschlecht und Zahl des zugehörigen Substantivs.
- Im modernen Norwegisch stehen die Possessivpronomen meistens hinter dem Substantiv. Sie können aber auch in einigen Fällen vor dem Substantiv stehen, z.B. wenn sie betont werden:
  Det er *min* genser, ikke *din*. (Das ist *mein* Pullover, nicht *deiner*.)
- Beachten Sie, dass das Substantiv bestimmt ist, wenn das Pronomen dahinter steht, aber unbestimmt, wenn das Pronomen davor steht:
  genser*en* min – min genser

→ *Praktische Grammatik der norwegischen Sprache* §74f.

§29 Adjektiv (unregelmäßige Steigerung)

Positiv	Komparativ	Superlativ
mye	mer	mest
god	bedre	best
tung	tyngre	tyngst

→ *Praktische Grammatik der norwegischen Sprache* §47.3, 47.4

§30 Perfekt/Partizip Perfekt

Jeg	*har ventet*	på deg.	Ich	*habe*	auf dich	*gewartet.*
Han	*har tenkt*	på henne.	Er	*hat*	an sie	*gedacht.*
Hun	*har prøvd*	alt.	Sie	*hat*	alles	*versucht.*
De	*har bodd*	i Norge.	Sie	*haben*	in Norwegen	*gewohnt.*
Jeg	*har sett*	henne før.	Ich	*habe*	sie früher	*gesehen.*
Vi	*har truffet*	dem før.	Wir	*haben*	sie früher	*getroffen.*

- Das Perfekt wird mit Hilfe der Präsensform des Hilfsverbs *ha* und dem Partizip Perfekt des Hauptverbs gebildet.
- Die Endungen des Partizip Perfekts sind unterschiedlich:
  -et (vente – vent*et*), *-t* (tenke – tenk*t*). *-d* (prøve – prøv*d*)
  -dd (bo – bo*dd*) und *–tt* (se – se*tt*).
  Das Partizip der starken Verben ändert zusätzlich oft noch den
  Stammvokal: (tr*e*ffe – tr*u*ffet).
- Vergleichen Sie die Satzstellung des Partizips in den beiden Sprachen.

→ *Praktische Grammatik der norwegischen Sprache* §107

§ 31 Die Verwendung des Perfekts

1.	Jeg *har bodd* i Norge før.	Ich *habe* früher in Norwegen *gewohnt.*
2.	Jeg *har bodd* i Norge i to uker nå.	Seit zwei Wochen *wohne* ich jetzt in Norwegen.

- Das Perfekt wird gebraucht:

  1. bei einer Handlung in der Vergangenheit, wobei der Zeitpunkt unbestimmt ist.(Perfekt auch im Deutschen möglich)
  2. bei einer Handlung, die noch nicht abgeschlossen ist. (Präsens im Deutschen)

→ *Praktische Grammatik der norwegischen Sprache* §135

G Übungen

1. Spørsmål til hovedteksten:

a) Hvor lenge har Christian stått på E6 utenfor Oslo?
b) Hvor har han tenkt seg?
c) Har Christian vært i Norge før?
d) Hvorfor snakker han så godt norsk?
e) Hva har han glemt hjemme?
f) Hva har Christian tenkt å gjøre i Gudbrandsdalen?
g) Hvor har han truffet nordmenn i Tyskland?

2. a) Bruk possessivpronomen og skriv om setningene (Benutzen Sie Possessivpronomen und schreiben Sie die Sätze um):

1. Jeg har en joggedress.   Eksempel: *Det er joggedressen min.*
2. Han har et ukeblad.   ....
3. Vi har ei klokke.   ....
4. Hun har en genser.   ....
5. Du har et eple.   ....
6. Hun har en koffert.   ....
7. Dere har en hundrelapp.   ....
8. Jeg har et værelse.   ....

b) Skriv om setningene:

1. Han har en rød bil.   Eksempel: *Bilen hans er rød.*
2. Du har en fin presang.   ....
3. Jeg har ei gammel bok.   ....
4. Dere har dyre billetter.   ....
5. Hun har et stort rom.   ....
6. Du har ei flott bukse.   ....
7. Han har et nytt teppe.   ....
8. Vi har myke senger.   ....

c) Lag setninger:

1. hun – skjørt – ny   Eksempel: *Skjørtet hennes er nytt.*
2. jeg – rom – stor   ....
3. du – avis – gammel   ....
4. han – genser – blå   ....
5. hun – rom – flott   ....
6. vi – regntøy – fin   ....
7. du – ryggsekk – tung   ....
8. hun – epler – god   ....

3. Lag dialoger og øv dem. Se først på eksemplet:

Eksempel:

A: Jeg kan ikke finne *ryggsekken min.* Vet du hvor *den* er?
B: Her ligger *en ryggsekk.* Er *den* kanskje *din*?
A: Nei, *den* er ikke min. *Den* er *hans.*

4. Sett inn rett form av adjektivene i teksten (Setzen Sie die Adjektive in der richtigen Form in den Text ein):

Svein ryggsekk 15 kilo regntøy kr 300	Ragna ryggsekk 10 kilo regntøy kr 290	Solveig ryggsekk 12 kilo regntøy kr 330

        Svein, Ragna og Solveig har tenkt seg en tur til fjells.

tung   Solveigs ryggsekk er ...... enn Ragnas.
tung   Sveins ryggsekk er ....
mye   Solveig har ... bagasje enn Ragna.
mye   Men Svein har ..... .
dyr   Svein har kjøpt nytt regntøy. Det er .... enn Ragnas.
dyr   Solveigs regntøy er ....

5. a) Les dialogen (Lesen Sie den Dialog):

A: *Er* du *i Norge* for første gang?
B: Nei, jeg *har vært i Norge* før.

b) Bytt ut *være i Norge* i dialogen ovenfor med:

se henne – bo i Oslo – treffe dem – arbeide i Bergen – sitte på kafé - reise til Kragerø.

6. Sett inn rett form av verbene i teksten:

tenke	Ute har ..... seg en tur til Norge.
være	Hun har .... i Norge før, men bare i Bergen.
se	Så hun har ikke .... så mye av landet.
studere	Hun har .... norsk i Berlin i fem semester nå.
kjøpe	Hjemme i Tyskland har hun ..... en kjempefin regndress.
ta	Ute har .... med seg mye bagasje.
glemme	Men en tjukk genser har hun dessverre ....

7. a) Les dialogen:

A: *Arbeider* du?
B: Ja.
A: Hvor lenge *har* du *arbeidet*?
B: Jeg *har arbeidet* i to timer nå.

b) Bytt ut *arbeide* i dialogen ovenfor med:

se på tv - være alene - vente på meg - lære norsk.

Eksempel: A: *Ser* du *på tv*?
           B: Ja.
           A: Hvor lenge ....?
           B: ....

8. Kryssord

Hva er det motsatte av (Was ist das Gegenteil von)?:

waagerecht:

1. billigst.
2. tjukkest
3. lettest
4. styggest
5. best
6. lysest
7. vanskeligst
8. mørkest
9. dårligst

					10						
		1									
2											
	3										
		4									
				5							
		6									
			7								
		8									
		9									

senkrecht:

10. Hva har Christian glemt?

9. Rollespill: En haiketur

A: Hei vil du sitte på?
B: Ja, ...
A: ....
B: ....
A: ....
B: ....
A: ....
B: ....
A: ....
B: ....
A: ....
B: ....
A: ....
B: ....

73

Lektion 9 PÅ EN CAMPINGPLASS VED OTTA

A Haupttext

Christian: Er det fullt her?
Vaktmannen: Nei, det vil si alle hyttene er opptatt, men det er
             ledige plasser for både telt og campingvogner.
Christian: Jeg har bare et lite fjelltelt.
Vaktmannen: Hvor lenge har du tenkt å bli her?
Christian: Foreløpig bare ei natt.
Vaktmannen: Da skal vi nok finne en plass til deg. Bare kom
             med meg.

I butikken på campingplassen

Christian: Så fin bunad du har!
Jenta: For det første er den altfor trang, for det andre er
            den masseprodusert og for det tredje er den ikke
            ekte en gang – en typisk turistbunad.
Christian: Du er kanskje ikke helt ekte du heller så mørkt hår
            som du har.
Jenta: Selv om du er frekk, er du vel ikke så dum at du tror
            at alle norske jenter har gyllenblondt hår og fiolblå
            øyne?
Christian: Nei da, men i Bonn der jeg studerer.........
Jenta: ......går alle tyskere rundt i skinnbukser og
            tyrolerhatt og drikker øl og spiser sauerkraut.
Christian: Ok, ok, det var jo bare ment som en spøk.
Jenta: Ta det med ro. Jeg bare erter, jeg også. Hva skal det
            være forresten?
Christian: Jeg trenger en god regnfrakk.
Jenta: Her har vi nesten alt, men regntøy har vi dessverre
            ikke.
Christian: Søren også, jeg har nemlig glemt mitt hjemme.

Jenta:	Men sola skinner jo.
Christian:	Ja, men jeg skal på fottur i fjellet.
Jenta:	Da bør du ikke kjøpe en regnfrakk, men en lett regndress.
Christian:	Hvor kan jeg kjøpe den?
Jenta:	Inne i sentrum. Men butikkene stenger nå.
Christian:	Er du opptatt i kveld?
Jenta:	Hva?
Christian:	Jeg er overhodet ikke kjent her på stedet, og jeg kjenner ingen heller. Hvis du vil vise meg hvor butikkene er, kan vi kanskje gå på kino etterpå.
Jenta:	Jeg vet jo ikke engang hva du heter.
Christian:	Christian Beck, og du?
Jenta:	Aud Olsen. Men jeg må arbeide i kveld.
Christian:	Hva med i morgen kveld?
Aud:	Da har jeg faktisk ikke noe å gjøre, men jeg går vanligvis ikke ut med ukjente.
Christian:	Vær så snill, jeg er helt ufarlig.
Aud:	Jeg får ta sjansen da. Når skal vi møtes.
Christian:	Klokka kvart over sju?
Aud:	Det passer bra, og hvor?
Christian:	Kan vi møtes utenfor rutebilstasjonen?
Aud:	Ok, da sees vi utenfor rutebilstasjonen klokka kvart over sju.

B Sprachmustertexte

1. A: Hva skal det være?/Kan jeg hjelpe med noe?
   B: Jeg vil gjerne ha en liten ost (*ei lita bok/et lite telt/noen små epler*).

2. A: Hva koster den lille osten (*den lille boka/det lille teltet/de små eplene*)?
   B: Kr. 39,90 (*46,50/214,60/27,70*).

3. A: Vil du bli med ut (*på kino/på diskotek/på konsert*)?
   B: Ja takk, (gjerne)./Nei, jeg er (dessverre) opptatt.

4. A: Når kan vi møtes?
   B: (Vi kan møtes)(på) mandag (*tirsdag/onsdag/torsdag*) morgen (formiddag) klokka ....*

5. A: Hvor skal vi møtes?
   B: (Vi kan møtes) utenfor rutebilstasjonen (*svømmehallen/kirka/rådhuset*).

6. A: Da sees vi fredag (*lørdag/søndag*) ettermiddag (*kveld*) klokka ....*
   B: Fint. Ha det bra så lenge.

* Wählen Sie eine passende Uhrzeit.

C Übungstext

Christian er på en campingplass utenfor Otta. Alle campinghyttene er opptatt, men Christian har et lite fjelltelt, og vaktmannen finner en liten plass til ham. Christian vil kjøpe en ny regnfrakk, og i den lille butikken på campingplassen treffer han Aud. Aud har ikke regntøy i butikken, så Christian må kjøpe det inne i sentrum.
Han spør om hun vil være med ut, og hun tar sjansen selv om hun vanligvis aldri går ut med ukjente.
De skal møtes i morgen kveld.

Christian er .. en campingplass utenfor Otta. Alle campinghyttene er ...., men Christian har et ... fjelltelt, og vaktmannen finner en .... plass til ham. Christian ... kjøpe en ny regnfrakk, og i den .... butikken på campingplassen treffer han Aud. Aud har .... regntøy i butikken, så Christian må kjøpe det .... i sentrum.
Han spør om hun vil være med .., og hun tar .... selv om hun .... aldri går ut med ukjente.
De skal ...... i morgen kveld.

C Vokabelliste

Substantiv

hytte /a	Hütte	passe	passen
campingplass /en	Campingplatz	burde (bør)	sollten
vaktmann /en	Campingwart		
(fjell)telt /et	(Gebirgs)zelt	*Adjektiv*	
butikk /en	Geschäft		
bunad /en	Tracht	trang	eng
turistbunad /en	Touristentracht	ekte	echt
hår /et	Haar	typisk	typisch
øye /et, Pl. øyne	Auge	frekk	frech
skinnbukse /a	Lederhose	dum	dumm
tyrolerhatt /en	Tirolerhut	gyllenblond	goldblond
spøk /en	Witz, Spaß	fiolblå	veilchenblau
sol /a	Sonne	ufarlig	ungefährlich
kino /en	Kino	masseprodusert	in Massenproduk-
rutebilstasjon /en	Busbahnhof		tion hergestellt
diskotek /et	Discothek		
konsert /en	Konzert	*Adverb*	
svømmehall /en	Schwimmbad		
kirke /a	Kirche	foreløpig	vorläufig
rådhus /et	Rathaus	altfor	allzu, zu sehr
formiddag /en	Vormittag	nemlig	nämlich
ettermiddag /en	Nachmittag	vanligvis	normalerweise
ost /en	Käse		
		Preposisjoner	
Verb			
		ved	bei
gå rundt	herumlaufen		
spise	essen	*Konjunksjoner*	
erte	ärgern		
mene	meinen	både og	sowohl als auch
trenge	brauchen	selv om	obwohl
skinne	scheinen		
stenge	schließen	*Interjeksjoner*	
ta sjansen	(etwas) wagen		
møte	treffen	søren (også)!	(wie) schade!

Uttrykk			
Hvor lenge blir du?	Wie lange bleibst du?	*Ukedager*	*Wochentage*
det vil si	das heißt		
Ta det med ro!	Reg dich ab!	mandag	Montag
Er du opptatt?	Hast du etwas vor?	tirsdag	Dienstag
i kveld	heute Abend	onsdag	Mittwoch
ikke en gang	nicht einmal	torsdag	Donnerstag
ikke heller	auch nicht	fredag	Freitag
vær så snill	bitte	lørdag	Samstag
for det første	erstens	søndag	Sonntag
for det andre	zweitens ·		
for det tredje	drittens		

E Aussprache

• Legg merke til uttalen av:

[ʊ]   o̲st, du̲m
[u:]   so̲l, fio̲lblå
[j]   gyllen

• Ikke uttal:

< d> i   ve(d)
< g > i   ufarli(g), vanli(g)vis,
        foreløpi(g), nemli(g)

F Grammatik

§ 32 Das Adjektiv "liten"

	unbestimmt	bestimmt
Mask.	en *liten* ost ein kleiner Käse	den *lille* osten der kleine Käse
Fem.	ei *lita* hytte eine kleine Hütte	den *lille* hytta die kleine Hütte
Neutr.	et *lite* telt ein kleines Zelt	det *lille* teltet das kleine Zelt
Plural	noen *små* kirker einige kleine Kirchen	de *små* kirkene die kleinen Kirchen

• Das Adjektiv *liten* wird unregelmäßig gebeugt.

→ *Praktische Grammatik der norwegischen Sprache* §43

79

§ 33 Unregelmäßige Adjektive

	unbestimmt	bestimmt
Mask.	en *ny*, *blå* hatt ein neuer, blauer Hut	den *nye*, *blå_* hatten der neue, blaue Hut
Fem.	ei *ny*, *blå* hytte eine neue, blaue Hütte	den *nye*, *blå_* hytta die neue, blaue Hütte
Neutr.	et *nytt*, *blått* hus ein neues, blaues Haus	det *nye*, *blå_* huset das neue, blaue Haus
Plural	noen *nye*, *blå_* hytter einige neue, blaue Hütten	de *nye*, *blå_* hyttene die neuen, blauen Hütten

- Adjektive, die auf einen betonten Vokal enden, haben die Endung *–tt* im Neutrum. (vgl. §7)
- Die Adjektive *blå* (blau), *grå* (grau), *rå* (roh, grob) und *skrå* (schräg) haben außerdem kein *–e* in bestimmter Form und Plural. (vgl. §13, 22)

→ *Praktische Grammatik der norwegischen Sprache* §39f

§ 34 *s*-Verben mit reziproker (wechselseitiger) Bedeutung

Når kan vi *møtes*?	Wann können wir uns treffen?
Hvor skal vi *treffes*?	Wo können wir uns treffen?
Vi *sees* på mandag.	Wir sehen uns am Montag.

- Vgl. § 18

→ *Praktische Grammatik der norwegischen Sprache* §170

§ 35 Ordnungszahlen

1. første	11. ellevte	21. tjueførste/ enogtyvende
2. andre	12. tolvte	22. tjueandre/ toogtyvende
3. tredje	13. trettende	30. trettiende/ tredevte
4. fjerde	14. fjortende	31. trettiførste/ enogtredevte
5. femte	15. femtende	42. førtiandre/ toogførtiende
6. sjette	16. sekstende	53. femtitredje/ treogfemtiende
7. sjuende	17. syttende	64. sekstifjerde/ fireogsekstiende
8. åttende	18. attende	75. syttifemte/ femogsyttiende
9. niende	19. nittende	86. åttisjette/ seksogåttiende
10. tiende	20. tjuende/tyvende	97. nittisjuende/ syvognittiende

- Vgl. §11, 14, 23

→ *Praktische Grammatik der norwegischen Sprache* §53, 57

G Übungen

1. Spørsmål til hovedteksten:

a) Hvor lenge har Christian tenkt å bli på campingplassen?
b) Hva har jenta i butikken på seg?
c) Hva selger de i butikken?
d) Hvorfor vil Christian kjøpe en regnfrakk?
e) Hva heter jenta?
f) Hvorfor kan hun ikke vise Christian butikkene i kveld?
g) Når vil de møtes?
h) Hvor vil de møtes?

2. Bruk rett form av adjektiv og pronomen og lag dialoger:
(Verwenden Sie Adjektive und Pronomen in der richtigen Form und bilden Sie Dialoge)

liten – lite – lita – lille – små / blå – blått

Eksempel: A: Hva skal det være?
                B: Jeg vil gjerne ha *en liten ost.*
                A: Skal det være *den lille osten,* der?
                B: Ja takk. Hva koster *den?*
                A: *Den* koster kr 17,60.

                A: Hva skal det være?
                B: Jeg vil gjerne ha . . . .
                A: Skal det være . . . . ?
                B: Ja takk. Hva koster . . . . ?
                A: . . . . koster kr. . . . .

81

3. Lag spørsmål og svar:

A: Vil du være med	på kino på kafé på diskotek på restaurant på konsert i svømmehallen i kirka	mandag tirsdag onsdag torsdag fredag lørdag søndag	morgen? ettermiddag? kveld?
B: Ja takk, gjerne. / Nei, jeg er dessverre opptatt.			

4. *s*-verb

Øystein har avtalt med Erik, Lars og Lisa når og hvor de skal møtes.
Lag dialoger (Øystein hat mit Erik, Lars und Lisa verabredet, wann und wo
sie sich treffen wollen. Bilden Sie Dialoge):

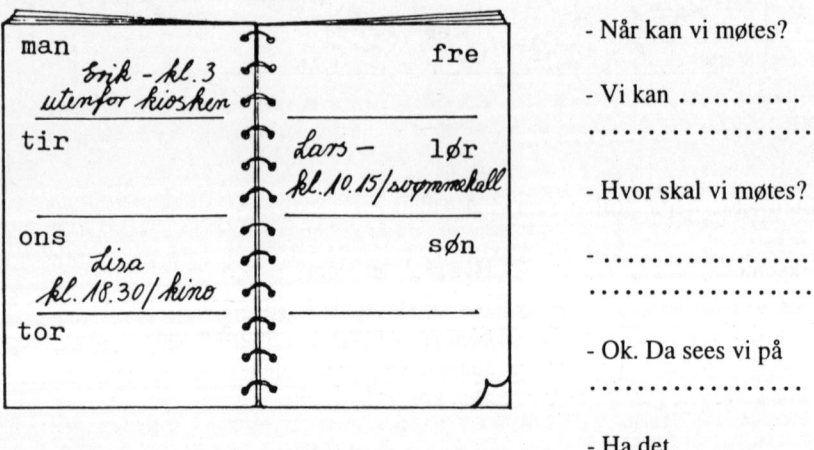

- Når kan vi møtes?

- Vi kan . . . .
. . . .

- Hvor skal vi møtes?

- . . . .
. . . .

- Ok. Da sees vi på
. . . .

- Ha det.

82

5. Sett inn riktig form av adjektivene i parentes og les teksten (Setzen
    Sie die Adjektive in Klammern in der richtigen Form ein und lesen Sie
    den Text):

Christian er på den .... (liten) campingplassen ved Otta. Alle de
.... (ny) hyttene er opptatt, og utenfor dem står ...., (gul) ....,
(blå) ...., (hvit) og .... (grå) biler parkert. Noen er .... (stor)
og noen er .... (liten).
Christian har bare et .... (liten), ... (blå) fjelltelt, og en vaktmann
finner en .... (fin), ... (liten) plass til ham.
Han har glemt regntøyet i Bonn, så han vil kjøpe .... (ny) i den ....
(morsom) .... (liten) butikken der, men de har ikke en .... (liten)
regnfrakk en gang.

6. Øv dialogene (Üben Sie die Dialoge):

A: Jeg har tenkt meg til fjells (*på telttur*). Tror du vi får fint vær?
B: Værmeldinga er dårlig, snø på høyfjellet, (*regnbyger over hele
        landet*). Du får heller bli hjemme.
A: Jeg får se.

7. Svar på spørsmålene:

Eksempel: 1. Hvorfor synes ikke Aud at bunaden er fin?

                For det første er den alt for trang.
                For det andre er den masseprodusert.
                For det tredje er den ikke ekte engang.

2. Hvorfor reiser Christian til Norge?
    (*snakke norsk – oppleve norsk natur og kultur – bli kjent med noen
    nordmenn*)

3. Hvorfor spør Christian om Aud er opptatt?
    (*ikke kjent på stedet – gå på kino – være sammen med Aud*)

4. Hvorfor studerer du norsk?
    (........... - .... - ....)

8. Kryssord

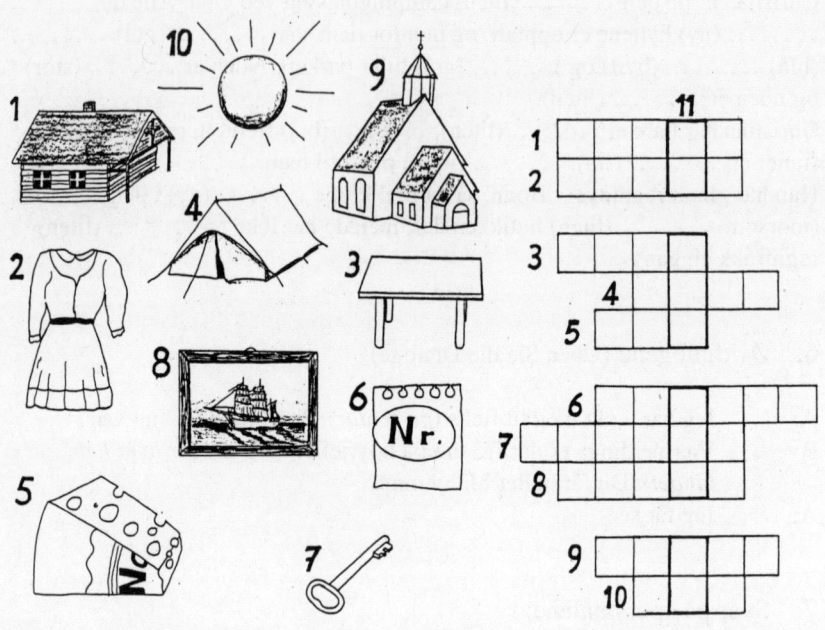

11. Hva sier Aud til Christian?

9. Rollespill:

Du vil gå på kino /konsert /diskotek og avtaler tidspunkt og møtested. (Sie möchten ins Kino /ins Konzert /in die Disco und vereinbaren Zeit- und Treffpunkt.)

Lektion 10   I EN TOGKUPÉ PÅ SØRLANDSBANEN

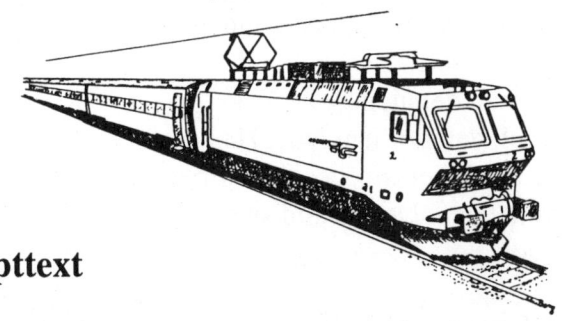

A Haupttext

Wilhelm: Dette må være plassene våre. Vogn nummer 103, plass nummer 23 og 24. Jo, det stemmer.

Gerda: Fint at vi begge har fått vindusplasser.

Wilhelm: Hvis du vil, kan jeg sitte med ryggen mot kjøreretningen.

Gerda: Takk skal du ha, men det er det samme for meg.

Ei eldre
dame: Unnskyld, er det en ledig sitteplass her?

Gerda: Ja, vær så god, bare kom inn. Jeg tror de er ledige alle sammen.

Wilhelm: Skal jeg hjelpe med bagasjen din? Den ser så tung ut.

Dama: Ja, tusen takk.

Wilhelm: Da setter jeg koffertene i bagasjenettet. Hvis den står på gulvet, kommer vi nesten ikke ut.

Dama: Jeg heter forresten Dina Karlsen.

Wilhelm: Wilhelm Kramer, gleder meg.

Gerda: Gerda Kramer, hyggelig å hilse på deg.

Dina K.: Kommer dere langveis fra?

Gerda: Ja, det gjør vi. Vi kommer helt fra Sveits.

Dina K.: Og nå skal dere på ferie i Norge?

Gerda: Ja, det vil si vi skal besøke Heidi, dattera vår, og familien hennes.

Dina K.:   Er svigersønnen deres norsk?

Gerda: Ja, det er han. Han heter Finn, og er født og oppvokst i
           Kragerø. Tre barn har de også. To jenter og en gutt.

Dina K.:   Jeg skal besøke sønnen min i Arendal. Han har slått
           seg ned der.

Gerda: Bor han der alene?

Dina K.:   Å nei, det gjør han ikke. Han er gift og bor der sammen
           med familien sin. Jeg gleder meg til å se barnebarna
           mine igjen. De er alltid så glade når de får farmora si på
           besøk.

Konduk-
tøren: Billettene, takk!

Dina K.:   Vær så god. Er toget i rute?

Kond.:   Vi er dessverre fem minutter forsinket, men vi regner
           med at vi skal kjøre det inn igjen. Er du klar over at du
           må bytte tog på Nelaug?

Dina K.:   Ja, men lokaltoget til Arendal venter vel som vanlig
           ved perrongen på Nelaug stasjon?

Kond.:   Ja, det gjør det.

Wilhelm: Er det ei spisevogn med toget?

Kond.:   Nei, men snart kommer det ei togvertinne som selger
           mat og drikke fra trillevogn.

Gerda: Har dere noe imot at jeg åpner vinduet litt? Jeg synes
           at det er så varmt her inne.

Dina K.:   Det er helt i orden for meg. Jeg har ingenting imot litt
           frisk luft.

Wilhelm: Dessuten er det så lummert i dag.

Gerda: Det er blitt ganske mørkt ute også. Jeg tror nesten det
           blir tordenvær.

Dina K.:   Huff. La oss håpe at vi slipper uvær. Det er mye
           hyggeligere på Sørlandet når sola skinner.

Wilhelm: Men sønnen din henter deg vel på stasjonen i Arendal?

Dina K.   Ja, han har sikkert med bilen sin. Sånn sett er det ikke
           farlig om det blir uvær.

86

B Sprachmustertexte

1. A: Er dette sovevogna (*spisevogna*/*første klasse*/*vogn nummer 45*/
   en røykekupé)?
   B: Ja, det er det. Bare kom inn.

2. A: Hvor vil du (helst) sitte?
   B: Jeg vil (helst) sitte foran (*i midten*/*bak*/*der*/*ved vinduet*/*mot korridoren*).

3. A: (Kan jeg få se) billettene (*plassbillettene*) takk.
   B: Vær så god, her er de.

4. A: Får jeg lov til å åpne vinduet?/ Er det i orden at jeg åpner vinduet?
   B: Ja (vær så god), det er så varmt (*lummert*/*røykfullt*) her inne.

5. A: Har du (*dere*) noe imot at jeg lukker vinduet?
   B: Nei (vær så god), det er så kaldt (*kjølig*/*trekkfullt*) her inne.

6. A: Besøker han den rike faren (*bestefaren*/*farfaren*/*morfaren*/*broren*/
   onkelen/*fetteren*) sin?
   B: Nei, han vil heller besøke den snille mora (*bestemora*/*farmora*/
   mormora/*søstera*/*tanta*/*kusina*) si.

C Übungstext

Gerda og Wilhelm er på vei til Kragerø for å besøke dattera si. De reiser med tog, og har fått plass nummer 23 og 24 i vogn nummer 103.
Gerda synes at det er fint at de har fått vindusplasser. Ei eldre dame kommer inn, og Wilhelm hjelper henne med bagasjen. Hun skal besøke sønnen sin i Arendal. Gerda åpner vinduet. Det er lummert, og ute er det blitt ganske mørkt, så Gerda tror det blir tordenvær. Den eldre dama håper at de slipper uvær, for hun synes det er mye hyggeligere på Sørlandet når sola skinner.

Gerda og Wilhelm er på ... til Kragerø for å besøke .... si. De reiser med ..., og har fått plass nummer 23 og 24 i vogn ......
103.
Gerda ..... at det er fint at de har fått vindusplasser. Ei ..... dame kommer inn, og Wilhelm hjelper ..... med bagasjen. Hun skal besøke sønnen ... i Arendal. Gerda åpner vinduet. Det er lummert, og ... er det blitt ganske mørkt, så Gerda .... det blir tordenvær. Den eldre dama ..... at de slipper uvær, for hun ..... det er mye hyggeligere på Sørlandet ... sola skinner.

D Vokabelliste

Substantiv

togkupé /en	Zugabteil	onkel (-en)	Onkel
vogn /a	Wagen	fetter (-en)	Vetter
vindu /et	Fenster	bestemor (-a)	Großmutter
vindusplass /en	Fensterplatz	mormor (-a)	Großmutter
rygg /en	Rücken		mütterlicherseits
kjøreretning /en	Fahrtrichtung	tante (-a)	Tante
sitteplass /en	Sitzplatz	svigerdatter (-a)	Schwiegertochter
bagasjenett /et	Gepäcknetz	kusine (-a)	Kusine
gulv /et	Fußboden	bror (-en)	Bruder
familie /en	Familie	søster (-a)	Schwester
gutt /en	Junge	dame (-a)	Dame
(sviger-)sønn /en	(Schwieger-)sohn		
barnebarn /et	Enkelkind	*Verb*	
farmor /a	Großmutter		
	väterlicherseits	gifte seg	heiraten
konduktør /en	Schaffner	se ut	aussehen
besøk /et	Besuch	sette	setzen, stellen
lokaltog /et	Nahverkehrszug	komme ut	herauskommen
perrong /et	Bahnsteig	besøke	besuchen
spisevogn /a	Speisewagen	slå seg ned	sich niederlassen
togvertinne /a	Zughostess	regne med	damit rechnen
trillevogn /a	Servierwagen	åpne	öffnen
luft /a	Luft	hente	holen
tordenvær /et	Gewitter	la	lassen
uvær /et	Unwetter	lukke	schließen
sovevogn /a	Schlafwagen	være født	geboren sein
røykekupé /en	Raucherabteil	vokse opp	aufwachsen
korridor /en	Gang		
plassbillett /en	Platzkarte	*Adverb*	
returbillett /en	Rückfahrkarte		
far /en	Vater	imot	gegen
bestefar /en	Großvater	inne	drinnen
farfar /en	Großvater väter-	ute	draußen
	licherseits	hjem	nach Hause
morfar /en	Großvater	foran	vorne
	mütterlicherseits	bak	hinten

Adjektiv

forsinket	verspätet	røykfull	verräuchert
varm	warm	trekkfull	zugig
frisk	frisch	rik	reich
lummer	schwül	snill	lieb, nett
farlig	gefährlich		

Uttrykk

begge to	alle beide
Det er det samme for meg.	Das ist mir egal.
alle sammen	alle, sämtliche
på besøk	zu Besuch
Er du klar over ....?	Bist du dir darüber im Klaren...?
som vanlig	wie gewöhnlich
mat og drikke	Essen und Trinken
Har du noe imot ...?	Haben Sie etwas dagegen ...?
Vi skal kjøre det inn.	Wir werden es aufholen.
Sånn sett	So gesehen
Huff!	Du meine Güte!
Det er ikke farlig (om)	Es ist nicht schlimm, (wenn)
første klasse	erste Klasse
Får jeg lov til ...?	Darf ich ...?

E Aussprache

- Legg merke til uttalen av:

[u]   l<u>u</u>kke
[u:]   t<u>o</u>rdenvær

- Ikke uttal

<d> i tor(d)envær

F Grammatik

§ 36 Reflexive und nicht-reflexive Possessivpronomen der 3.Person

1a. Hun kan ikke finne mannen *sin*.	Sie kann *ihren* Mann nicht finden.
b. Hun kan ikke finne mannen *hennes*.	Sie kann *ihren* Mann nicht finden.
	(der Mann einer anderen Frau)
c. Mannen *hennes* sitter i kupéen.	*Ihr* Mann sitzt im Abteil.
2a. Ole besøker tanta *si*.	Ole besucht *seine* Tante.
b. Ole besøker tanta *hans*.	Ole besucht *seine* Tante.
	(die Tante eines anderen)
c. Tanta *hans* bor i Oslo.	*Seine* Tante wohnt in Oslo.
3a. Mannen besøker barnebarnet *sitt*.	Der Mann besucht *sein* Enkelkind.
b. Mannen besøker barnebarnet *hans*.	Der Mann besucht *sein* Enkelkind.
	(das Enkelkind eines anderen)
c. Barnebarnet *hans* er tre år i dag.	*Sein* Enkelkind ist heute drei Jahre alt.
4a.Gerda og Wilhelm leter etter koffertene *sine*.	Gerda und Wilhelm suchen *ihre* Koffer.
b. Gerda og Wilhelm leter etter koffertene *deres*.	Gerda und Wilhelm suchen *ihre* Koffer. (die Koffer anderer)
c. Koffertene *deres* er tunge.	*Ihre* Koffer sind schwer.

- Die Possessivpronomen der 3. Person haben im Norwegischen reflexive und nicht-reflexive Formen.
- Die reflexiven Formen *sin, si, sitt* und *sine* (vgl.§28) werden benutzt, wenn sich das Possessivpronomen auf das Subjekt desselben Satzes bezieht, (wenn Subjekt und «Besitzer» eine und dieselbe Person sind). (1a,2a,3a,4a)
- Die nicht-reflexiven Formen (*hans, hennes, deres*) werden benutzt, wenn sich das Possessivpronomen nicht auf das Subjekt desselben Satzes bezieht. (1b,2b,3b,4b)
- Die reflexiven Formen können nicht in der Subjektstellung stehen. (1c,2c,3c,4c)

→ *Praktische Grammatik der norwegischen Sprache* §76, 77, 78

§ 37 Die Verben *synes* und *tro*

1. Jeg *synes* at buksa di er fin.	Ich *finde*, dass deine Hose schön ist.
Han *synes* at boka er god.	Er *meint*, dass das Buch gut ist.
2. Jeg *tror* at det blir uvær.	Ich *glaube*, dass es ein Unwetter gibt.
Hun *tror* at hun kjenner mannen.	Sie *glaubt*, dass sie den Mann kennt.
Han *tror* på Gud.	Er *glaubt* an Gott.

1. *synes* drückt eine persönliche Meinung aus. (*finden,meinen*)
2. *tro* drückt eine Vermutung, eine gewisse Unsicherheit oder eine religiöse Überzeugung aus. (*denken, glauben*)

§ 38 Ortsadverbien

Bewegung	Ruhelage
Nå må du komme *inn*.	Hun er *inne*.
Jetzt musst du *herein* kommen.	Sie ist *drinnen*.
Skal vi gå *ut*?	Det er så fint ute.
Sollen wir nach *draußen* gehen?	Es ist so schön *draußen*.
Han vil ikke gå *hjem*.	Han har glemt billettene *hjemme*.
Er will nicht *nach Hause* gehen.	Er hat die Fahrkarten *zu Hause* vergessen.

* Viele Ortsadverbien zeigen im Norwegischen Doppelformen, von denen die eine Form die Bewegung ausdrückt, die andere die Ruhelage.

→ *Praktische Grammatik der norwegischen Sprache §61.1*

§ 39 Unregelmäßige Substantivdeklination bei einigen Verwandtschaftsbezeichnungen

	Singular		Plural		
	unbest.	best.	unbest.	best.	
Maskulinum	en far	faren	fedre	fedrene	(Vater)
	en bror	broren	brødre	brødrene	(Bruder)
	en mann	mannen	menn	mennene	(Mann)
Femininum	ei mor	mora	mødre	mødrene	(Mutter)
	ei datter	dattera	døtre/døtrer	døtrene	(Tochter)
	ei søster	søstera	søstre/søstrer	søstrene	(Schwester)

G Übungen

1. Spørsmål til hovedteksten:

a) Hvor er Gerda og Wilhelm?
b) Hvilke plasser har de fått?
c) Hva skal de gjøre i Norge?
d) Hva heter dattera deres?
e) Hva heter svigersønnen deres og hvor er han født?
f) Hvor setter Wilhelm kofferten til fru Karlsen?
g) Hvor bor sønnen hennes?
h) Bor han der alene?
i) Hva må fru Karlsen gjøre på Nelaug?
j) Er toget i rute?
k) Er det ei spisevogn med toget?

2. Sett inn *sin, si, sitt* og *sine*:

Torbjørn og Astrid skal reise med barna ..... til Kristiansand. Der vil de
besøke kusina .... og onkelen .... .Lille Kjell har med de nye bilene .... , som
han har fått av tanta ...., og Kjersti har tatt med den nye boka ..... . Astrid synes
det er best at alle tar med regntøyet .... « Har du tatt med pengene?» spør
Torbjørn henne. Hun leter etter lommeboka .... , og endelig finner hun den i
veska .... .

3. Hva er det "motsatte"?

gutt	a	1	tante
far	b	2	kusine
sønn	c	3	søster
onkel	d	4	mormor
bror	e	5	jente
fetter	f	6	farmor
morfar	g	7	mor
farfar	h	8	datter

4. Sett inn eiendomspronomen og les teksten. Bruk vekselvis *bil - hus - hytte*:

Ellen sitter i bilen (*huset/hytta*) .... Bilen (*huset/hytta*) ..... er ganske stor
(*stort*). Hun har fått den (*det*) av faren .... , så det er bare ...... bil (*hus/hytte*).

92

5.   a) Sett inn pronomen og øv dialogene. Bruk vekselvis *Per* og *Kari*.

A: Har du hørt at Per (*Kari*) skal besøke onkelen ..... ?
B: Nei, hvor bor onkelen ..... ?
A: Onkelen ..... bor på Hønefoss sammen med familien ....

b) Skift ut *onkel* med *barnebarn* og *kusine* og øv dialogene.

6.   Sett inn *synes* eller *tro*:

Ole og Bjørg sitter og ser på tv.

Ole: Nei, nå ..... jeg ikke jeg vil se mer. Jeg ..... dette programmet er
         temmelig kjedelig.
Bjørg: Det ..... jeg også, men ..... du ikke det neste er bedre?
Ole: Jeg ..... vi har sett nok på tv i kveld, ... du ikke vi skal gjøre noe
         annet?
Bjørg: Jo, kanskje vi skal ta en joggetur. ..... du ikke det vil gjøre oss godt?
Ole: Jo, det ..... jeg er en god ide, men jeg ..... det begynner å regne snart.
Bjørg: Det ..... jeg ikke gjør noe.
Ole   Ok, men da ..... jeg at vi skal jogge med en gang. Jeg ..... at det vil
         regne enda mer siden.

7.   Lag dialogen ferdig og øv den:

A: Studerer du norsk?
B: Ja, det gjør jeg.
A: Har du studert norsk lenge?
B: Ja, det ....
A: Er det morsomt?
B: ..., det ....
A: Skal du studere norsk lenge?
B: Ja, det ....
A: Men du studerer vel ikke norsk hele dagen?
B: Nei, det ....
A: Kan vi gå på kino sammen i kveld?
B: Ja, det .... Går det en god film?
A: Ja, det ....

A: Kan vi møtes utenfor kinoen klokka halv sju?
B: Ja, det ....
A: Da sees vi halv sju.
B: Ja, det ....

8. Sett inn rett adverb (*inn* eller *inne*, *ut* eller *ute*, *hjem* eller *hjemme*)
    og øv dialogen:

	SL:	Hallo, det er Svein Larsen.
hjem – hjemme	E:	Hei, det er Eyvind. Er Gjermund .... ?
ut – ute	SL:	Nei, han er .... og leker.
inne – inne	E:	Når kommer han .... ?
inn – inne	SL:	Jeg tror han kommer .... nå. Jeg synes jeg hører
ut – ute		ham .... i gangen. Et øyeblikk.
	G:	Hei Eivind
ut – ute	E:	Hei, Gjermund, skal vi gå en tur .... sammen?
ut – ute	G:	Nei, jeg tror ikke jeg vil gå .... nå.
	E:	Hvorfor ikke?
ut – ute	G:	Jeg har vært .... i hele dag og er akkurat kommet
inn – inne		.... jeg synes jeg må være .... nå.
hjem – hjemme	E:	Så synd, jeg er nemlig alene ....
	G:	Det er ikke noe problem. Hvis du ikke vil være
hjem – hjemme		.... alene, kan du komme .... til oss.
hjem – hjemme	E:	Fint, da kan vi leke sammen .... hos deg.
	G:	Ha det så lenge.

9. a) Skriv om deg selv og familien din:

    b) Rollespill: Samtale i en togkupé (Gespräch in einem Zugabteil)

    A: Unnskyld, er her en ledig sitteplass?
    B: Ja, ...
    A: .... osv.

Lektion 11 PÅ BUSSEN TIL KRAGERØ

A Haupttext

Gerda: Jeg skal være glad når vi kommer til Kragerø.

Wilhelm: Jeg også. Nå synes jeg at vi har reist lenge nok.

Gerda: Det kan ikke være lenge igjen. Jeg synes at jeg begynner å kjenne meg igjen allerede.

Wilhelm: Nei, vi er der om ti minutter. Snart får vi se Kragerøfjorden.

Gerda: Lurer på om det kommer til å bli fint vær i morgen?

Wilhelm: Det gjør det nok. Hvorfor spør du?

Gerda: Fordi jeg har lyst til å ta båten til Jomfruland.

Wilhelm: Jeg tror ikke vi kan bestemme hva vi skal gjøre i morgen. Barnebarna våre har sikkert planlagt noe.

Gerda: Men tror du ikke at de ville sette pris på en båttur?

Wilhelm: De er så ofte på båttur, vet du. For min del har jeg mest lyst til å være i ro. Vi kommer til å være trøtte etter den lange reisa.

Gerda: Det er forresten ikke så farlig. Vi vil få god anledning til å dra på båttur en annen dag.

Wilhelm: Jeg håper at vi ikke har glemt noe igjen hjemme.

Gerda: Vi har iallfall husket presangene til barnebarna. Det blir nok stor stas når de får dem.

Wilhelm:	Det gjør det sikkert, men jeg synes at du skjemmer dem helt bort.
Gerda:	Det tror jeg ikke er så lett. Vi ser dem jo bare et par ganger i året.
Wilhelm:	Det er blitt oftere i det siste, og vi skal tilbake hit om noen få måneder.
Gerda:	Ja, jeg gleder meg allerede. Det er nesten finere om høsten når det ikke er så mange turister her.
Wilhelm:	Da får jeg anledning til å fiske også. Nå i sommer blir det neppe noe av.
Gerda:	Tror du ikke. Husk på at vi skal være her i hele to uker.
Wilhelm:	Vi får se hva det blir til, men de to ukene kommer nok til å gå raskere enn vi aner.
Gerda:	Tror du det?
Wilhelm:	Vi skal helt sikkert besøke foreldrene til Finn også.
Gerda:	Men de er jo så greie. Jeg synes familiebesøk er hyggelige.
Wilhelm:	Ja, men det kan bli i meste laget.
Gerda:	Nå som vi kan snakke norsk, synes jeg det er bare moro.
Wilhelm:	Men du må innrømme at det blir mye stillesitting.
Gerda:	Det er sant.
Wilhelm:	Og vi klager hvert år over at vi har spist for mye. For ikke å snakke om all den kaffen som vi er nødt til å drikke.
Gerda:	Nå synes jeg du overdriver.
Wilhelm:	Det er mulig, men det er synd at reisa er så lang og dyr. Hvis vi kunne reise hit oftere, ville programmet ikke bli så hektisk.
Gerda:	Men det er bra for barnebarna.
Wilhelm:	Barnebarna?
Gerda:	Ja, hvis vi kunne reise hit oftere, ville de jo bli helt skjemt bort av meg.
Wilhelm:	Tøysekopp!

B Sprachmustertexte

1. A: Hvorfor kommer du ikke til å reise til Norge i sommer (*høst/år*)?
   B: Fordi jeg ikke har tid før til vinteren (*våren/neste år*).

2. A: Skal du reise til Norge i januar (*februar/mars/april/mai/juni*)?
   B: Nei, jeg skal (*kommer til å*) reise dit i juli (*august/september/
       oktober/november/desember*).

3. A: Har du vært i Norge om vinteren (*våren*)?
   B: Nei, jeg har bare vært der om sommeren (*høsten*).

4. A: Hvordan blir været i morgen (*på lørdag/i neste uke/til sommeren*)?
   B: Det kommer nok til å bli fint (*sånn passe/dårlig/elendig*).

5. A: Hvordan er været i Oslo (*i Drammen/i Tromsø/på Geilo/på Røros*)?
   B: Sola skinner. / Det er varmt (*mildt/kjølig/kaldt*). / Det blåser (*regner/
       hagler/snør*).

C Übungstext

Gerda og Wilhelm sitter på bussen på vei til Kragerø. De er glade for at de snart er framme, fordi de synes at de har reist lenge nok. Gerda lurer på om det blir fint vær i morgen. Hun vil gjerne ta båten til Jomfruland. Wilhelm vil helst være i ro fordi han er trøtt etter reisa. Dessuten tror han ikke at de kan bestemme hva de skal gjøre i morgen. Han er sikker på at barnebarna deres alt har planlagt noe. De har med seg presanger til barnebarna sine. Wilhelm synes at Gerda skjemmer dem bort, men hun tror at det ikke er så lett fordi de ser dem bare et par ganger om året. Wilhelm liker å fiske, men han tror ikke han får anledning til det i sommer.

Gerda og Wilhelm sitter .. bussen på vei ... Kragerø. De er ..... for at de snart er framme, fordi de ..... at de har reist ..... nok. Gerda lurer på .. det blir fint vær i morgen. Hun vil gjerne ta båten ... Jomfruland. Wilhelm vil helst være i .. fordi han er trøtt etter reisa. Dessuten tror han .... at de kan bestemme hva de .... gjøre i morgen. Han er sikker .. at barnebarna deres alt ... planlagt noe. De har med seg presanger ... barnebarna ..... . Wilhelm synes at Gerda skjemmer dem bort, men hun .... at det ikke er så .... fordi de ser dem bare et par ganger .. året. Wilhelm ..... å fiske, men han tror ikke han får anledning til ... i sommer.

D Vokabelliste

Substantiv

båt /en	Boot	planlegge	planen
ro /en	Ruhe	fiske	angeln
anledning /en	Gelegenheit	ane	ahnen
høst /en	Herbst	klage	klagen
familiebesøk /et	Verwandtenbesuch	hagle	hageln
stillesitting /en	Stillsitzen	snø	schneien
kaffedrikking /en	Kaffeetrinken		
vinter /en	Winter	*Adjektiv*	
vår /en	Frühling	trøtt	müde
tøysekopp /en	Witzbold	hektisk	hektisch
		mild	mild
Verb		tett	dicht
bestemme	bestimmen		
huske	an etwas denken,	*Adverb*	
skjemme bort	verwöhnen	neppe	kaum
innrømme	zugeben, gestehen		
overdrive	übertreiben	*Konjunksjoner*	
regne	regnen	fordi	weil

Uttrykk

Jeg skal være glad.	Ich werde mich freuen.
Jeg begynner å kjenne meg igjen.	Langsam weiß ich wieder, wo wir sind.
jeg har lyst til	ich habe Lust, ich möchte gerne
sette pris på	zu schätzen wissen
jeg for min del	was mich betrifft
dra på båttur	eine Bootsfahrt machen
stor stas	große Begeisterung
i det siste	in der letzten Zeit
for ikke å snakke om	ganz zu schweigen von
Det blir ikke noe av.	Daraus wird nichts.
Vi får se hva det blir til.	Mal sehen, was daraus wird.
raskere enn vi aner	schneller als wir denken
være nødt til	gezwungen sein
Det kan bli i meste laget.	Es kann zu viel werden.
Jeg synes det er moro.	Ich finde, daß es Spaß macht.
Det blir mye stillesitting.	Man muß viel stillsitzen.
Hvis vi kunne...ville...	Wenn wir könnten...würden...
Det blåser.	Es ist windig.
et par ganger	ein paar Mal

E Grammatik

§ 40 Zeitausdrücke – Einmaliger Zeitpunkt

1.	i fjor	letztes Jahr	i kveld	heute Abend
	i år	dieses Jahr	i natt	heute/letzte Nacht
	i forgårs	vorgestern	i morgen	morgen
	i går	gestern	i overmorgen	übermorgen
	i dag	heute	i vår	diesen Frühling
	i formiddag	heute Vormittag	i sommer	diesen Sommer
	i ettermiddag	heute Nachmittag	i januar (osv)	im Januar (usw)

2.	(*på*) mandag, (*på*) tirsdag osv.	am Montag, am Dienstag
3.	*til* sommer*en*, *til* høst*en* osv.	im Sommer, im Herbst
4a.	*for* to uker *siden*	vor zwei Wochen
4b	*om* to måneder	in zwei Monaten

1. Ein einmaliger Zeitpunkt wird durch die Präposition *i* + ein Substantiv in der unbestimmten Form ausgedrückt.

   Wichtige Ausnahmen:

2. Bei Wochentagen benutzt man die Präposition *på*.
   (Die Präposition kann auch weggelassen werden.)

3. Bei *Jahreszeiten* benutzt man *til* + Substantiv in der bestimmten Form, um einen einmaligen Zeitpunkt in der Zukunft auszudrücken.

4. Wenn der Zeitpunkt durch Angabe eines Zeitraumes ausgedrückt wird, benutzt man:

   a) *for – siden* für die Vergangenheit und
   b) *om* für die Zukunft.

§ 41 Zeitausdrücke – Wiederholter Zeitpunkt

1.	*om* vinter*en*	im Winter
	om freda*gen*	am Freitag/freitags
	om kveld*en*	am Abend/abends
2.	*hver* vinter	jeden Winter
	hver fredag	jeden Freitag
	hver kveld	jeden Abend

- Um einen sich wiederholenden Zeitpunkt auszudrücken, benutzt man
1. entweder die Präposition *om* + Substantiv in der bestimmten Form
   oder
2. das unbestimmte Pronomen *hver* + Substantiv in der unbestimmten Form.

§ 42 Futur

1. a)	I morgen *reiser* jeg til Kragerø.	Morgen *fahre* ich nach Kragerø.
b)	Hvis (når) du *reiser*, må du hilse.	Wenn du *fährst*, musst du schöne Grüße bestellen.
2.	Jeg *skal reise* til Kragerø.	Ich *werde* nach Kragerø *fahren*.
3.	Det *vil bli* fint vær.	Es *wird* schönes Wetter (*werden*).
4.	Det *kommer til å bli* fint vær.	Es *wird* schönes Wetter (*werden*).

- Es gibt mehrere Möglichkeiten, um die Zukunft auszudrücken:

1. Ein Hauptverb im Präsens (wie im Deutschen) drückt häufig das Futur
   aus (besonders wenn eine Zeitangabe im Satz steht (1a)
   und in Nebensätzen, die mit *hvis* oder *når* anfangen (1b)).
2. *Skal* + Hauptverb im Infinitiv benutzt man, wenn man selber bestimmt
   oder plant, dass etwas geschehen wird. Wenn man keinen Einfluss auf
   das Geschehen hat, kann man *skal* nicht benutzen. (vgl. 3)
3. *Vil* + Hauptverb im Infinitiv benutzt man, wenn man davon ausgeht,
   dass etwas geschehen wird, ohne dass man das Geschehen selber
   bestimmen oder planen kann. Das Futur mit *vil* als Hilfsverb wird
   hauptsächlich in der Schriftsprache benutzt.
4. *Kommer til å* + Hauptverb im Infinitiv benutzt man häufig in der
   gesprochenen Sprache (und auch in der informellen Schriftsprache).

→ *Praktische Grammatik der norwegischen Sprache* §139, 140

§ 43 Das unbestimmte Pronomen *hver*

Mask.	*Hver* dag reiser jeg til byen.	Jeden Tag fahre ich in die Stadt.
Fem.	*Hver* årstid er vakker.	Jede Jahreszeit ist schön.
Neutr.	*Hvert* år reiser jeg til Norge.	Jedes Jahr fahre ich nach Norwegen.

- Das Pronomen *hver* wird nur im Singular benutzt.
- Das Neutrum hat die Endung –*t* (*hvert*).
- Nach dem Pronomen folgt ein Substantiv in der unbestimmten Form.

→ *Praktische Grammatik der norwegischen Sprache* §101

§ 44 Zeitausdrücke - Angaben eines Zeitraumes

1.	Vi har vært der (i) to uker.	Wir sind zwei Wochen da gewesen.
2.	Vi har vært der (i) to uker.	Wir sind seit zwei Wochen da.

- Die Präposition *i* benutzt man zur Angabe eines Zeitraumes:
  1. sowohl bei einem abgeschlossenen Zeitraum
  2. als auch bei einem nicht abgeschlossenen Zeitraum.

- Die Präposition *i* kann auch weggelassen werden.

F Übungen

1. Spørsmål til hovedteksten:

a) Hvor er Gerda og Wilhelm?
b) Hvorfor skal Wilhelm være glad når de kommer til Kragerø?
c) Hva har Gerda lyst til å gjøre i morgen?
d) Tror Wilhelm at de kan bestemme hva de skal gjøre?
e) Hva har Wilhelm mest lyst til?
f) Hvorfor er det ikke så lett for Gerda å skjemme bort barna?
g) Når skal Wilhelm og Gerda tilbake til Kragerø igjen?
h) Hvorfor er det nesten finere der om høsten?
i) Hva vil Wilhelm gjøre til høsten?
j) Hvor lenge skal de være i Kragerø i sommer?
k) Hva synes de om familiebesøk?

2. Lag så mange spørsmål og svar som mulig:

Hva	skal vil	du dere	gjøre	i dag i formiddag i ettermiddag i kveld
Jeg Vi	skal vil	reise til Oslo drikke øl leke med barna drikke kaffe kjøpe ei bok haike til Norge dra til fjells besøke dere kjøpe ei ny skjorte studere i Tromsø dra på båttur planlegge sommerferien ta båten til Larvik		i natt i morgen i overmorgen i høst i januar til sommeren til våren om to dager om tre uker om fire måneder

Hva	gjør	du dere	om våren om sommeren om vinteren
Jeg Vi		studerer norsk bor i Oslo arbeider i Bergen sitter på kafé sover drar på fottur kjøper regntøy går på kino	om høsten om kvelden om natta hver fredag hvert år

3. Sett inn riktig tidsuttrykk og øv dialogen:

A: Vi gleder oss alt .... (vinter) fordi vi skal reise
    til Kanariøyene .... (desember).

B: .... (desember)? Da er det sikkert kaldt der. Er det
ikke bedre å reise dit .... (vår) ?

A: Nei, vi har vært der tre ganger ...... (desember). Det er fint vær hele
året på Kanariøyene både .... (sommer) og .... (vinter).

B: Vi har dessverre ikke tid til å reise på ferie .... (vinter), men
.... (sommer) kommer vi til å reise til Norge, antagelig
.... (juli).

A: Men det regner jo så ofte i Norge ....(sommer).

B: Det er ikke sant. Vi reiser dit nesten .... (år) ....(sommer) og
har nesten alltid fint vær. Vi har vært der to ganger .... (vår) også,
.... (mai), og det har bare vært sol da også.

A: Er det sant?

B: Ja, selvsagt.

A: Da vil jeg også reise til Norge. Jeg kjøper billetter .... (morgen).

4. Gjør ferdig dialogen og øv den:

A: Jeg .... (reise) til Norge i morgen.

B: Hvorfor det?

A: Jeg .... (studere) der.

B: Hva da?

A: Jeg .... (studere) norsk.

B: Hvor da?

A: Jeg .... (studere) norsk i Bergen.

B: Men tror du at du .... (få) oppholdstillatelse? (*Aufenthaltserlaubnis*)

A: Jeg regner med at det .... (gå) greit.

B: Hvor .... (bo) du?

A: Hvis jeg .... (få) plass på en studentheim .... (bo) der.

B: Hvordan .... (reise)?

A: Jeg tror at jeg .... (reise) med tog.

B: Det .... (bli) kjedelig for meg når du .... (reise).

A: Ja, men jeg .... (ofte skrive) til deg.

B: Det .... (sikkert glemme).

A: Nei, det .... (ikke gjøre), men nå må jeg gå. Jeg må sove,
ellers .... (bli for trøtt) i morgen.

A: Jeg .... (ikke få sove) i natt, fordi du .... (reise).
Jeg tror aldri at jeg .... (bli) glad mer.

A: Ikke vær dum. Hvis du .... (ofte komme) på besøk,
.... (gå) bra.

B: Jeg .... (komme) så ofte jeg kan.

5. Lag spørsmål og svar:

Hvordan	blir været kommer været til å bli	i morgen?
Det	blir kommer til å bli	fint sånn passe dårlig elendig varmt mildt kjølig kaldt
Det	kommer til å	blåse regne hagle snø

6. Sett inn riktig preposisjon og øv dialogen:

A: Har du lyst ..... å være med på en båttur ..... ettermiddag?
B: Hvor skal du dra?
A: ..... Jomfruland.
B: Jeg skal ..... besøk ..... broren min ..... dag.
A: Kan du ikke besøke ham en annen dag?
B: Jo, jeg får sikkert anledning ..... å besøke ham ..... morgen eller .....
   overmorgen.
A: Fint.
B: Tror du at det kommer til å bli fint vær ..... ettermiddag?
A: Det har regnet ..... ettermiddagen hver dag denne uka. Vi må nok være
   forberedt ..... regnvær.
B: Da må vi huske å ta ..... regnfrakkene våre.
A: Ja, da sees vi ..... noen timer.
B: Fint, jeg gleder meg ..... turen.

7. Rollespill: Ferieplaner (Bruk så mange tids- og væruttrykk som
   mulig.)

A: Jeg har planlagt å reise til ....
B: .... osv.

104

Lektion 12   ET BREV

A Haupttext

Kjære mor!   *Oslo, den 24. juli*

*Nå er du vel spent på å høre hvordan vi har det i Norge, og
endelig har jeg fått tid til å skrive til deg.*
*Turen med ferga gikk fint. Været var godt og båten helt super.
Vi ble kjent med noen hyggelige mennesker der også, et ektepar
fra Sveits og en ung student fra Bonn. Vi drakk kaffe sammen og
snakket norsk hele tida. Det var gøy. Nå får vi sannelig nytte av
det språkkurset vi gikk på i vinter.*

*I går kom vi til Oslo, og vi bestemte oss for å bli der over natta.
Nesten alle hotellene var fulle, men til slutt fikk vi to enkelt-
værelser i et fint (men dessverre altfor dyrt) hotell. Det var godt
at Solveig (du husker den norske naboen vår?) advarte oss mot
prisene før vi dro!*

*Etterpå spaserte vi en tur på Karl Johan. Vi ble overrasket av
den nesten sydlandske stemningen som hersket der - et yrende
liv med gatemusikanter og gateselgere. Aker Brygge besøkte vi
også. Vi følte oss nesten som hjemme der, men det var nesten
mer trafikk enn på havna i Hamburg.*

I dag tok vi båten fra Rådhuskaia til Bygdøy. Først var vi på Norsk Folkemuseum, og så på alle de gamle, vakre trebygningene. Jens og jeg syntes det var morsomt å se hvordan nordmennene bodde i gamle dager, men Sabine og Thomas likte nok Kon-Tiki-museet bedre med den eventyrlige flåten »Kon-Tiki» og sivbåten»Ra» som museet hadde fått av Thor Heyerdal.

Da vi kom til hotellet, var vi alle fryktelig trøtte, så vi la oss tidlig og sovnet med en gang. Allerede klokka sju i dag morges våknet barna, men vi voksne sto ikke opp før ved halvtitida. Da hadde allerede barna vasket seg og kledd på seg, ja til og med pusset tennene!

De var selvsagt veldig utålmodige, så jeg rakk såvidt å dusje før vi spiste frokost. Vi fikk mye mer mat til frokost enn vi er vant til; forskjellige typer brød og rundstykker, alle mulige sorter sild, kjøttpålegg, salater, oster og frukt. Det var nesten for mye av det gode. Vi greide ikke å smake på halvparten engang.

Etter frokost tok vi trikken opp til Holmenkollen og så på den berømte hoppbakken. Og nå sitter vi på Frognerseteren (som er en restaurant og ikke ei ekte seter) og spiser et stykke eplekake. Etterpå har vi tenkt å besøke Munchmuseet.

Vi blir i Oslo ei natt til, og drar videre til Trondheim i morgen. Når du leser dette, er vi sikkert kommet dit. Håper du har det bra, vi har det iallfall kjempefint.

Mange hilsener fra Norge

Karin

PS Jens ber meg hilse deg så mye.

B Sprachmustertexte

1. A: Hva vil du ha til frokost (*lunsj/middag/kveldsmat*)?
   B: Jeg vil (bare) ha rundstykker (*ost og frukt/sild og poteter/brød og pålegg*).

2. A: Jeg ville (*vil*) gjerne ha to rundstykker, (takk).
   B: Skal det være grove eller fine?
   A: (Jeg tar) to fine (*grove/ett fint og ett grovt*), takk.

3. A: Hva slags pålegg vil du ha?
   B: Var (*er*) det mulig å få / kunne (*kan*) jeg få kjøttpålegg (*sild/ost*)?
   A: (Ja), selvsagt.

4. A: Dette smakte (*var*) godt.
   B: Det var hyggelig å høre.

5. A: Har du vært i Norge før?
   B: Ja, jeg har vært her ofte. / Ja, jeg var her i 1998.

6. A: Hvor lenge har du lært norsk?
   B: Jeg har lært norsk siden 1997. / Jeg begynte (å lære norsk) i 1997.

C Übungstext

Ombord på ferga til Bygdøy. (J: Jens, B: billettøren, K: Karin)

J: Jeg ville gjerne ha fire billetter, to voksne og to barn.

B: Vær så god. Det blir syttifem kroner til sammen.

K: Sannelig er det mye liv her på havna.

J: Ja, det er nesten mer trafikk her enn i Hamburg.

K: Jeg gleder meg til å se Norsk Folkemuseum.

J: Jeg har hørt at de gamle tre-bygningene skal være fine.

K: Ja, og det blir morsomt å se hvordan nordmenn bodde i gamle dager.

J: Vi får ta en tur til Kon-Tiki-museet også.

K: Tror du vi rekker det?

J: Ja, det gjør jeg.

K: Men blir det ikke litt mye?

J: Nei, vi er snart på Bygdøy, så vi har god tid.

J: Jeg ville ...... ha fire billetter, to ...... og to barn.

B: Vær så god. Det .... syttifem kroner til sammen.

K: Sannelig er det ... liv her på havna.

J: Ja, det er nesten ... trafikk her enn i Hamburg.

K: Jeg ...... meg til å se Norsk Folkemuseum.

J: Jeg har .... at de gamle tre-bygningene skal .... fine.

K: Ja, og det .... morsomt å se hvordan .... bodde . gamle dager.

J: Vi ... ta en tur til Kon-Tiki-museet også.

K: Tror du vi ...... det?

J: Ja, det .... jeg.

K: Men blir det ikke litt ...?

J: Nei, vi er ..... på Bygdøy, så vi har god tid.

D Vokabelliste

Substantiv   *Verb*

brev /et	Brief	høre	hören
språkkurs /et	Sprachkurs	spasere/gå en tur	spazierengehen
nabo /en	Nachbar	legge seg	sich hinlegen
pris /en	Preis	stå opp	aufstehen
stemning /en	Stimmung	kle på seg	sich anziehen
gatemusikant /en	Straßenmusiker	rekke/greie	schaffen
gateselger /en	Straßenverkäufer	smake på	probieren/kosten
trafikk /en	Verkehr	like	mögen
havn /a	Hafen	lese	lesen
båt /en	Schiff	advare mot	warnen
trebygning /en	Holzhaus	herske	herrschen
flåte /en	Floß	våkne	aufwachen
sivbåt /en	Papyrusboot	vaske	waschen
museum /museet	Museum	pusse	putzen
tann /a Pl. tenner	Zahn, Zähne	dusje	duschen
frokost /en	Frühstück	føle	fühlen
type /en	Typ	sovne	einschlafen
brød /et	Brot		
rundstykke /et	Brötchen		
sort /en	Sorte	*Adjektiv*	
sild /a	Hering		
kjøttpålegg /et	(Wurst)aufschnitt	spent	gespannt
salat /en	Salat	super	super
frukt /en	Obst	sydlandsk	südländisch
halvpart /en	Hälfte	vakker	schön, nett
trikk /en	Straßenbahn	eventyrlig	abenteuerlich
hoppbakke /en	Sprungschanze	fryktelig	fürchterlich
seter /tra	Alm	tidlig	früh
eplekake /a	Apfelkuchen	utålmodig	ungeduldig
hilsen /en	Gruß	forskjellig	verschieden
potet /en	Kartoffel	berømt	berühmt
lunsj /en	Mittagessen	grov	grob
middag /en	Mittagessen		
kveldsmat /en	Abendbrot		

Adverb		*Preposisjoner*	
allerede	schon	etter	nach
såvidt	gerade noch		

Konjunksjoner

da	als

Uttrykk

Det var gøy.	Es hat Spaß gemacht.
Vi får nytte av det.	Wir profitieren davon.
over natta	über Nacht
bli overrasket	überrascht sein
et yrende liv	ein reges Treiben
som hjemme	wie zu Hause
De liker det bedre.	Sie mögen es mehr./Es gefällt ihnen besser.
I gamle dager	in alter Zeit, früher
ikke før ved halvtitida	nicht vor ungefähr halb zehn
mer ... enn	mehr ... als
for mye av det gode	zuviel des Guten
spise frokost	frühstücken
etter frokost	nach dem Frühstück
ei natt til	noch eine Nacht
hilse så mye	recht herzlich grüßen
være vant til noe	an etwas gewöhnt sein
til slutt	zum Schluss
i dag morges	heute Morgen
med en gang	sofort

E Aussprache

1998: nittennittiåtte   1997: nittennittisju

→ *Praktische Grammatik der norwegischen Sprache* §59

F Grammatik

§ 45 Präteritum

Vi snakk*et* med dem.	Wir *sprachen* mit ihnen.
De besøk*te* oss.	Sie *besuchten* uns.
Han *greide* det ikke.	Er *schaffte* es nicht.
Hun *bodde* i Tromsø.	Sie *wohnte* in Tromsø.
Jeg *gikk* hele veien til fots.	Ich *ging* den ganzen Weg zu Fuß.
Hun *drakk* mye kaffe.	Sie *trank* viel Kaffee.

1. Das Präteritum der schwachen Verben wird durch Anhängen von Endungen an den Verbstamm gebildet.
   Die Endungen sind unterschiedlich:
   -et (snakke - *snakket*)   *-te* (besøke - besøk*te*)
   -de (greie - *greide*)   *-dde* (bo - *bodde)*

2. Das Präteritum der starken Verben hat keine Endung.
   Die meisten starken Verben ändern zusätzlich noch den Stammvokal:
   (gå - *gikk*)   (drikke - *drakk*)

- Eine Übersicht der im Buch vorkommenden unregelmäßigen Verben finden Sie auf Seite 221f.
→ *Praktische Grammatik der norwegischen Sprache* §112 f

§ 46 Die Verwendung des Präteritums

1. Hun *kom* i går.	Sie *kam* gestern./ Sie ist ... gekommen
2. Han *reiste* hvert år til Norge.	Er *fuhr* jedes Jahr nach Norwegen. / Er ist jedes Jahr nach Norwegen gefahren.
3. Det *var* godt.	Das *ist* gut.

- Das Präteritum wird gebraucht:
1. bei einer Handlung in der Vergangenheit, wobei der Zeitpunkt bestimmt ist. (In der deutschen Umgangssprache wird häufig das Perfekt gebraucht.)
2. bei einer Handlung, die sich in der Vergangenheit regelmäßig wiederholt.
3. bei spontanen Äußerungen über etwas, das man im Augenblick denkt oder fühlt. (Präsens im Deutschen)
→ *Praktische Grammatik der norwegischen Sprache* §134

111

G Übungen

1. Spørsmål til hovedteksten:

a) Hva skriver Karin om turen med ferga?
b) Hvorfor var det vanskelig å finne hotellrom?
c) Hvor spaserte de en tur?
d) Hvordan kom de til Bygdøy?
e) Hvilke museer besøkte de?
f) Hvilket museum likte Thomas og Sabine best?
g) Når våknet barna i dag morges?
h) Hva fikk de til frokost?
i) Hva så de på etter frokost?
j) Hvor sitter Karin og skriver brevet?

2. Øv dialogen:

A: Her var det mye *trafikk*.
B: Ja, nesten mer *trafikk* enn det vi er vant til.
A: Jeg har nesten aldri sett så mye *trafikk*.

Bytt ut *trafikk* med *snø - mat - pålegg* og øv dialogene.

3. Lag dialoger:

Eksempel: A: Når var du på kino?
           B: Jeg var på kino i forrige uke.

Jeg	spaserte i Frognerparken	i går
Du	var på kino	klokka ni
Han	fikk en jobb	i forrige uke
Hun	ble kjent med naboen	i fjor
Vi	kom hjem	klokka åtte
Dere	snakket med henne	i 1997
De	våknet tidlig	i april

4. Svar på spørsmålene:

Når våknet du?	Jeg våknet klokka halv sju.	(halv sju)
Når sto du opp?	....	(fem over halv sju)
Når dusjet du?	....	(ti over halv sju)
Når kledde du på deg?	....	(kvart på sju)
Når spiste du frokost?	....	(sju)
Når pusset du tennene?	....	(ti på halv åtte)
Når gikk du på arbeidet?	....	(halv åtte)
Når drakk du kaffe?	....	(ti på elleve)
Når spiste du lunsj?	....	(tolv)
Når dro du hjem?	....	(halv fem)
Når spiste du middag?	....	(fem over halv seks)
Når leste du avisen?	....	(fem over seks)
Når besøkte du broren din?	....	(halv sju)
Når spiste du kveldsmat?	....	(åtte)
Når så du på tv?	....	(kvart over åtte)
Når ble du trøtt?	....	(elleve)
Når gikk du på badet?	....	(ti over elleve)
Når la du deg?	....	(halv tolv)
Når sovnet du?	....	(fem over halv tolv)

5. Lag dialoger og øv dem:

Eksempel: A: *Har* du *vært* i Norge?
              B: Ja.
              A: Når *var* du i Norge?
              B: Jeg *var* der i 1998.

Bytt ut *være i Norge* og *være der i 1998*

med: snakke med henne   snakke med henne i går
       studere i Kiel   studere der i fjor
       kjøpe billetter   kjøpe dem på lørdag
       bo i Danmark   bo der for to år siden
       være på kino   være der i går

113

6. Sett inn verb i preteritum:

våkne	I går .... Ragnar veldig tidlig.
se	Han .... på klokka.
være	Den .... bare halv sju.
bestemme	Først .... han seg for å sove igjen.
greie	Men han .... det ikke.
være	Ute på gata .... det allerede mye trafikk.
føle	Selv om han .... seg temmelig trøtt,
stå	.... han opp.
gå	Han .... på badet og
spise	etterpå .... han frokost.
ha	Fordi han .... god tid
ta	.... han ikke bilen,
spasere	men .... til jobben.

7. Fortell om en dag   (Ein Tagesverlauf)

   I går våknet jeg klokka .... osv.

8. Christian skriver brev til en venn i Bonn.

Hei Peter!   *Otta den 24. juli*

*Nå sitter jeg på en campingplass i Gudbrandsdalen i Norge
og skriver til deg. ....*

Skriv ferdig brevet.

Lektion 13 PÅ VEI NORDOVER

A Haupttext

I bilen

Sabine:	Kan dere de norske trafikkreglene?
Thomas:	Hvorfor spør du om det?
Sabine:	Fordi jeg lurer på hva det dyret på det trafikkskiltet der heter?
Thomas:	Kan du ikke se at det er en elg?
Sabine:	Er det mange elger i Norge?
Thomas:	Ja, veldig mange. Det er derfor at de har satt opp skiltene.
Sabine:	Men tror dere vi får se en?
Jens:	Det er ikke godt å si. Jeg håper i så fall at vi får se den i god tid.
Thomas:	Hvorfor det?
Jens:	Å kollidere med en elg er ingen spøk. Det kan være farlig både for voksne og barn.
Karin:	Nå må du ikke skremme barna, Jens. De vakre dyrene er ikke farlige selv om de er store.
Jens:	Nei, det har du rett i. Det er ikke elgene i seg selv, men kollisjonen med dem jeg snakker om.
Karin:	Men de er svært sky dyr og redde for menneskene, så de holder seg som regel i de store skogene.
Thomas:	Jeg har hørt at de pleier å gå langs veiene i vintrer med mye snø.

Jens:	Vær litt stille alle sammen. Jeg synes jeg hører en merkelig lyd i motoren.
Thomas:	Det er vel bare en liten elg som sitter og banker under panseret.
Jens:	Hysj gutt, dette er ikke noe å spøke med. Hva skal vi gjøre hvis den gamle bilen vår får problemer nå?
Karin:	Kan vi ikke stoppe snart? Jeg tror vi er slitne alle sammen av den lange bilturen. Skuldrene mine er helt stive.
Sabine:	Og jeg klør i fingrene etter å gjøre noe annet enn å sitte stille i bilen. Det er jo rene fengselet.
Jens:	Ok, jeg skal stoppe ved den første bensinstasjonen vi kommer til. Vi må så allikevel fylle bensin, og kanskje de vet om et rimelig verksted i nærheten.

På bensinstasjonen

Jens:	Full tank, takk.
Jenta:	Hva slags bensin bruker du?
Jens:	Vanlig bensin, takk. Kan du være snill å sjekke oljen også?
Jenta:	Ja selvsagt, men da må du åpne panseret først.
Jens:	Er det nok olje igjen?
Jenta:	Det er kanskje litt lite.
Jens:	Fyll på en halv liter for sikkerhets skyld.
Jenta:	Var det noe mer da?
Jens:	Nei takk, det vil si, vet du om det er et verksted her i nærheten?
Jenta:	Ja, det er det. Broren min driver bilverksted. Det er bare å følge veien videre så ser dere det på høyre side.

På bilverkstedet

Jens: Jeg tror det er noe galt med motoren. Den lager en sånn underlig lyd.

Mekanikeren: Et øyeblikk så skal jeg ta en titt.

Jens: Bare det ikke er noe alvorlig. Vi har tenkt oss til Trondheim i kveld.

Mekanikeren: Kan du starte motoren?

Jens: Ja, det er heldigvis ikke noe problem.

Mekanikeren: Du har kanskje ikke så god greie på motorer?

Jens: Nei, jeg er lærer.

Mekanikeren: Det var det jeg tenkte meg, men denne gangen kan du ta det helt med ro. Det er bare en bagatell.

Jens: Hva da?

Mekanikeren: Viftereima er slitt. En del har løsnet og ligger og slår mot motoren.

Jens: Det kommer ikke å ta så lang tid da?

Mekanikeren: Nei da, jeg må bare skifte reima. Det hele er gjort på noen få minutter.

Jens: Gudskjelov!

B Sprachmustertexte

1. A: (Unnskyld), er det lov (*tillatt*) å parkere her?/
   Kan (*kunne*) du *(De)* si meg om det er lov å parkere her?
   B: Ja, det er parkometer (*korttidsparkering/lov*) her.
   /Nei, det er parkeringsforbud (*stoppforbud/ikke tillatt*) her.
   /Nei, men det er en parkeringsplass (*et parkeringshus*) der borte.

2. A: Hva betyr det skiltet der?
   B: (Det betyr) omkjøring (*fjellovergang/bompenger*).

3. A: Jeg vil gjerne ha tyve liter super (*blyfri/vanlig bensin*) takk.
   B: Skal jeg samtidig sjekke (*kontrollere*) dekktrykket (*oljen/kjøle-vannet/bremsevæska*)?
   A: Ja takk, det ville være fint.

4. A: Det er noe i veien med bremsene (*bensinmåleren/vindusviskerne/ viftereima/luftfilteret*).
   B: Et øyeblikk bare, så skal jeg ta en titt.

5. A: Blir det dyrt? / Vil det bli dyrt? / Kommer det til å bli dyrt?
   B: Nei, det er bare en bagatell./
   Ja, det blir (*vil bli/kommer til å bli*) temmelig dyrt.

6. A: Hva heter den boka (som) du leser i?
   B: Det er den boka (som) du har snakket om, »Den store bilboka».

C Übungstext

Karin og Jens og barna deres er på
vei til Trondheim med bilen sin.
Sabine ser et skilt med et stort dyr
på, og Thomas vet at det er en elg.
Det er mange elger i Norge. Det er
store og vakre dyr, men de er sky,
og holder seg som regel inne i de
store skogene. Bare i vintrer med
mye snø går de ofte langs veiene.

Jens hører en merkelig lyd i motoren,
og vil derfor stoppe ved den første
bensinstasjonen de kommer til.

Det er de andre glade for. Bilturen
har vært lang og alle er slitne. Karin
selv er stiv i skuldrene sine, og
Sabine synes bilen er rene fengslet.

De kommer snart til en bensinstasjon
og fyller bensin og olje.
Etterpå er de på et bilverksted.
Det er heldigvis ikke noe alvorlig
i veien med motoren.

Karin og Jens og barna ..... er på
vei til Trondheim med ..... sin.
Sabine ser et ..... med et stort dyr
på, og Thomas vet at det er en ... .
Det er ..... elger i Norge. Det er
store og vakre dyr, men de er ... ,
og holder seg som ..... inne i de
store skogene. Bare i vintrer med
... snø går de ofte langs veiene.

Jens hører en merkelig ... i motoren,
og vil derfor stoppe ... den første
bensinstasjonen de kommer ... .

Det er de andre ..... for. Bilturen
har vært lang og alle er slitne. Karin
selv er stiv . skuldrene sine, og
Sabine synes bilen er .... fengslet.

De kommer ..... til en bensinstasjon
og ..... bensin og olje.
Etterpå er de .. et bilverksted.
Det er heldigvis ikke noe ....
i veien med motoren.

118

D Vokabelliste

Substantiv		*Verb*	
(trafikk)regel /en	(Verkehrs)regel	sette opp	aufstellen
dyr /et	Tier	skremme	erschrecken
elg /en	Elch	pleie	pflegen
kollisjon /en	Zusammenstoß	bruke	gebrauchen,
skog /en	Wald		benutzen
lyd /en	Geräusch	drive	betreiben
panser /et	Motorhaube	starte	starten
skulder /dra	Schulter	slå	schlagen
finger /en	Finger	kollidere	zusammenstoßen
fengsel /let	Gefängnis	holde	hier: aufhalten
bensinstasjon /en	Tankstelle	banke	klopfen
(bil)verksted /et	(Auto)werkstatt	spøke	spaßen
olje /en	Öl	sjekke	nachsehen
motor /en	Motor	lage	machen
bagatell /en	Bagatelle	løsne	sich lösen
vifterem /a	Keilriemen	skifte	wechseln
parkometer /et	Parkuhr		
korttidsparkering/en	Kurzzeitparken	*Adjektiv*	
parkeringsforbud /et	Parkverbot		
stoppforbud /et	Halteverbot	sky	scheu
parkeringshus /et	Parkhaus	merkelig	merkwürdig
omkjøring /en	Umleitung	sliten	erschöpft
fjellovergang /en	Passstraße	slitt	abgenutzt
bompenger	Mautgebühr	rimelig	preiswert
dekktrykk /et	Reifendruck	underlig	seltsam
kjølevann /et	Kühlwasser	alvorlig	ernst
bremsevæske /a	Bremsflüssigkeit		
bremse /a	Bremse	*Adverb*	
bensinmåler /en	Tankuhr		
vindusvisker /en	Scheibenwischer	herfra	von hier
luftfilter /et	Luftfilter	nordover	nach Norden
bilbok /a	Autobuch	sørover	nach Süden
mekaniker /en	Mechaniker	østover	nach Osten
aksel /sla	Schulter	vestover	nach Westen

Interjeksjoner		*Preposisjoner*	
Hysj!	Psst!	under	unter

i så fall	dann
i god tid	rechtzeitig
ha rett i	Recht haben
i seg selv	an sich
være redd for noe	vor etwas Angst haben
langs veien	die Straße entlang
Vær litt stille alle sammen!	Seid mal alle leise!
Jeg klør i fingrene.	Mir juckt es in den Fingern.
så allikevel	sowieso
Full tank, takk.	Volltanken, bitte.
Er det nok olje igjen?	Ist noch genug Öl da?
litt lite	etwas wenig
fylle bensin	tanken
for sikkerhets skyld	sicherheitshalber
Det er noe galt (i veien) med motoren.	Mit dem Motor ist etwas nicht in Ordnung.
en sånn underlig lyd	so ein seltsames Geräusch
ha god greie på noe	sich mit etwas gut auskennen
Gudskjelov!	Gott sei Dank!
det er lov / det er tillatt	man darf

Stopp for
toll

Svingeforbud
til høyre

Vendingsforbud

Verksted

Bensinstasjon

Campingplass

Overnattingssted

E Grammatik

§ 47   Substantive auf -er

	Singular unbestimmt	bestimmt	Plural unbestimmt	bestimmt	
1.Mask. a)	en baker	bakeren	baker*e*	baker*ne*	(Bäcker)
b)	en måler	måleren	måler*e*	måler*ne*	(Messgerät)
c)	en tier	tieren	tier*e*	tier*ne*	(Zehner)
d)	en vinter	vinteren	vint*rer*	vint*rene*	(Winter)
2.Fem.	ei skulder	skuld*ra*	skuld*rer*	skuld*rene*	(Schulter)
3.Neutr.	et filter	filteret	filter	filt*rene*	(Filter)

1. Maskulina auf *-er,* die Personen (1a) oder Geräte (1b) bezeichnen oder von einem Zahlwort (1c) abgeleitet sind, enden im Plural auf *-e* und *-ne.*

Die meisten anderen Maskulina werden im Plural zusammengezogen (1d)

→ *Praktische Grammatik der norwegischen Sprache §26.2, 26.4*

2. Feminina auf *-er* werden im Singular in der bestimmten Form sowie im Plural zusammengezogen.

→ *Praktische Grammatik der norwegischen Sprache §27.2*

3. Neutra auf *-er* werden in der bestimmten Form im Plural zusammen- gezogen.

→ *Praktische Grammatik der norwegischen Sprache §28.2*

§ 48 Substantive auf -el

		Singular		Plural		
		unbestimmt	bestimmt	unbestimmt	bestimmt	
1.	Mask.	en regel	regelen	reg*ler*	*reglene*	(Regel)
2.	Fem.	ei aksel	aks*la*	aks*ler*	aks*lene*	(Schulter)
3.	Neutr.	et fengsel	fengselet	feng*sel*	fengs*lene*	(Gefängnis)

1. Maskulina auf *-el* werden im *Plural* zusammengezogen.

   → *Praktische Grammatik der norwegischen Sprache* §26.2

2. Feminina auf *-el* werden in der *bestimmten Form Singular* sowie im *Plural* zusammengezogen.

   → *Praktische Grammatik der norwegischen Sprache* §27.2

3. Neutra auf *-el* werden in der *bestimmten Form im Plural* zusammengezogen.
   → *Praktische Grammatik der norwegischen Sprache* §28.2

§ 49 Adjektive auf -el, -en und -er

	Singular		Plural	
	unbestimmt	bestimmt	unbestimmt	bestimmt
Maskulinum				
	en gammel mann	den gam*le* mannen	gam*le* menn	de gam*le* mennene
Femininum				
	ei voksen dame	den voks*ne* dama	voks*ne* damer	de voks*ne* damene
Neutrum				
	et vakkert menneske	det vak*re* mennesket	vak*re* mennesker	de vak*re* menneskene

- Adjektive auf *-el*, *-en* und *-er* bekommen in der bestimmten Form Singular und im Plural zusammengezogene Formen.

§ 50 Relativpronomen

1 a) Bilen *som* står der, er helt ny.	Das Auto, das da steht, ist ganz neu.
b) Bilen _ de har kjøpt, er ny.	Das Auto, das sie gekauft haben, ist neu.
2 a) Boka *som* du leser *i,* er god.	Das Buch, in dem du liest, ist gut.
b) Boka _ jeg snakker *om,* er dyr.	Das Buch,von dem ich spreche, ist teuer.

1. Das Relativpronomen kann im Norwegischen ausgelassen werden, wenn es nicht Subjekt des Satzes ist. (1b)

   → *Praktische Grammatik der norwegischen Sprache* §86

2. Präpositionen, die mit einem Relativpronomen verknüpft sind, stehen am Ende des Nebensatzes. (2a)
   Auch wenn das Relativpronomen ausgelassen wird, verändert die Präposition ihre Stellung im Satz nicht. (2b)
   (Vergleichen Sie die Stellung der Präpositionen in den deutschen Sätzen.)

   → *Praktische Grammatik der norwegischen Sprache* § 87

F Übungen

1. Spørsmål til hovedteksten:

a)   Hvilken by er Jens og Karin på vei til?
b)   Hvilket dyr ser Sabine på trafikkskiltet?
c)   Hva forteller Jens og Karin om elgene?
d)   Hvorfor vil Jens at alle skal være stille?
e)   Hvorfor stopper de?
f)   Hva gjør Jens på bensinstasjonen?
g)   Er det et bilverksted i nærheten?
h)   Hvorfor lager bilen den merkelige lyden?
i)   Har Jens god greie på motorer?

2. Lag relativsetninger (Bilden Sie Relativsätze):

Eksempel: Jens og Karin sitter i en bil. Bilen er gammel.
Jens og Karin sitter i en bil som er gammel.

a) De er på vei til Trondheim. Trondheim er en by i Norge.
b) I baksetet sitter barna. Barna er trøtte og vil stoppe.
c) Karin vil også stoppe. Karin er sliten og har helt stive skuldrer.
d) De stopper ved en bensinstasjon. Bensinstasjonen ligger langs veien.
e) Jenta på bensinstasjonen har en bror. Broren driver et bilverksted.
f) Jens kjører til bilverkstedet. Bilverkstedet ligger i nærheten.

3. Sett inn riktig form av ordene i parentes og øv dialogen:

a) (vinter)
A: Har du vært i Norge om .... ?
B: Jeg har vært der to ....
A: .... i Norge er sikkert veldig kalde?
B: Nei, ... i fjor var veldig mild, og det var ikke så kaldt i år heller.

b) (mekaniker)
A: Fins det en .... på verkstedet som kan reparere bilen min?
B: Kan du vente litt? .... er opptatt.
A: Er det ikke flere .... her?
B: Nei, dessverre, de andre .... er på ferie.

c) (trafikkregel)
A: Kan du de norske .... ?
B: Jeg trodde alle .... var like.
A: Nei, i Norge må man for eksempel kjøre med lys på om dagen.
B: Den .... har jeg aldri hørt om.

4. Sett inn riktig form av ordene i parentes og øv dialogene:

a)   A: Hva gjorde dere på Bygdøy?
(gammel)   B: Vi var på Norsk Folkemuseum og så på noen .... hus.
                    A: Var de fine?
(voksen/vakker) B: Vi .... synes de var ....
                    A: Men barna da?
(sliten)   B: De ble fort ....

b)

(seter)	A: Er det langt igjen til .... ?
(seter)	B: Hvilken mener du? Det er flere .... her.
(datter)	A: Det er .... mi, Hilde Petersen, som bor der. Kanskje
(sommer)	du kjenner henne. Hun har bodd der flere .... allerede.
(kilometer)	B: Ja, henne kjenner jeg. Du går bare to .... rett fram,
(seter)	så ser du .... på høyre side.

c)

(vindusvisker)	A: Jeg tror jeg må ha nye ....
(vindusvisker)	B: Er ikke .... dine gode nok?
(gammel)	A: Nei, de er for ....
(luftfilter)	Kan du skifte .... også?
(bilnøkkel)	B: Bare gi meg .... , så er det fort gjort.

5. Skriv ferdig setningene og øv dialogene:

a)

   (de - bo i)
A: Hva heter byen Karin og Jens bor i ?
B: Byen, ... , heter Hamburg.

b)

   (han - leser i)
A: Hvilken bok leser Thomas i?
B: Boka .... , heter «Velkommen til Norge».

c)

(du - snakke om)
A: Hvor parkerte du?
B: Jeg parkerte i det parkeringshuset, ...

d)

(jeg - snakke med)
A: Hvem er den mannen du snakket med?
B: Mannen .... , er onkelen min.

e)

(vi - komme til)
A: Hvor skal vi fylle bensin?
B: På den første bensinstasjonen ....

6. Rollespill:

a) På bensinstasjonen

Du sier at du vil fylle bensin og at du bruker vanlig bensin, ber om å sjekke dekktrykket, oljen, kjølevannet og bremsevæska, spør etter prisen, betaler, spør om et bilverksted i nærheten, takker.

b) På bilverkstedet

Du sier at det er noe i veien med motoren (bremsene, luftfilteret, bensin-måleren), spør om det er noe alvorlig, om det kommer til å ta lang tid, om det blir dyrt. Du betaler og takker.

Rasfare

Rasteplass

Hytter

Steinsprut

Badeplass

Severdighet

Lektion 14 ET KINOBESØK

FILM ER BEST PÅ KINO
GOD FILM ER ENDA BEDRE

A Haupttext

Utenfor rutebilstasjonen på Otta

Christian: Hei, Aud, fint å se deg. Nå trodde jeg nesten at du
ikke ville komme.
Aud: Er klokka blitt så mange?
Christian: Ja, jeg tror at den snart er halv åtte.
Aud: Huff, da må du virkelig unnskylde. Det var ikke
meningen å komme så sent.
Christian: Det gjør ingenting. Vi har ennå god tid før filmen
begynner.
Aud: Skal vi gå og kjøpe billetter?
Christian: Det kan vi godt.

På vei til kinolokalet

Christian:	Har du arbeidet helt til nå?
Aud:	Ja, det er midt i turistsesongen vet du. Men det er forresten bare hyggelig å ha så mye å gjøre. Da blir ikke arbeidet så kjedelig.
Christian:	Er du fra Otta?
Aud:	Nei, jeg er en fattig student fra Oslo, men jeg har røttene mine her.
Christian:	Hvordan det?
Aud:	Begge foreldrene mine er opprinnelig herfra. Tanta og onkelen min driver den campingplassen du bor på. Det er derfor jeg har fått sommerjobb her.
Christian:	Kan de leve av det?
Aud:	Nei, de er bønder også. De har et lite småbruk med høner og ender og griser og sauer.
Christian:	Da har de sikkert nok å gjøre.
Aud:	Ja, de har hendene fulle hele dagen. Nå om sommeren må de ofte ta nettene til hjelp for å rekke alt.
Christian:	Da er det bra at de norske sommernettene alltid er så lyse.
Aud:	Det kan du si. Har du forresten kjøpt deg ny regndress?
Christian:	Ja da, jeg gjorde storinnkjøp i formiddag.
Aud:	Storinnkjøp?
Christian:	Ja, jeg kjøpte regndressen i en sportsforretning, og der hadde de veldig godt utvalg i fiskestenger.
Aud:	Så nå har du kjøpt ny fiskestang også?
Christian:	Akkurat.
Aud:	Har du betalt fisketrygdavgiften?
Christian:	Hva er det.
Aud:	Det er en avgift alle som vil fiske i norske ferskvann må betale en gang i året.
Christian:	Men hvor kan jeg betale denne avgiften?

Aud:	På alle postkontor. Hvis man ikke har betalt, risikerer man å få ganske høye bøter.
Christian:	Det var sannelig godt at du fortalte meg dette. Bøter har jeg slett ikke råd til å betale nå.
Aud:	Nå er vi framme. Kinoen er den store bygningen der borte.

I billettluka

Aud:	Jeg vil gjerne ha to billetter til kveldsforestillingen. Helst ikke for langt fremme i salen.
NN:	. Det er ikke plassbilletter. Dere kan sitte hvor dere vil.
Aud:	Når begynner forestillingen?
NN:	Klokka åtte.

I kinosalen

Christian:	Skal jeg kjøpe ei pakke drops eller sjokolade til oss?
Aud:	Nei takk, det er ikke bra for tennene. Hvis du vil, kan vi heller gå et sted og spise noe skikkelig når filmen er slutt.
Christian:	Det var en god ide. Går du ofte på kino?
Aud:	Det hender, særlig om vinteren.
Christian:	Hva gjør du ellers i fritida?
Aud:	Er dette et slags forhør?
Christian:	Nei unnskyld, jeg mente ikke ...
Aud:	Ikke ta alt så alvorlig! I fritida leser jeg bøker, og så er jeg glad i sport og friluftsliv. Men om sommeren liker jeg aller best å ligge på ei badestrand og slappe av.
Christian:	Hva slags sport driver du med?
Aud:	Jeg spiller fotball.
Christian:	Hva? Fotball?

Aud: Har du ikke hørt om kvinnefotball? Eller er du mot
            likestilling?
Christian: Beklager, det var ikke meningen ...
Aud: Hysj, nå begynner filmen.

B Sprachmustertexte

1. A: Unnskyld/Du må virkelig unnskylde/Beklager.
   B: Det gjør ingenting/Det er (helt) i orden/Alt i orden.

2. A: Når begynner forestillingen (*filmen/konserten*)?
   B: Den begynner klokka 11 (*13.20/15.45/18.10/20.30*).

3. A: Er det billetter igjen til forestillingen som begynner klokka 11
       (*13.20/15.45/18.10/20.30*)?
   B: Ja, det er billetter igjen til alle forestillinger./
       Beklager, det er (dessverre) utsolgt.

4. A: (Kan jeg få) to billetter til kveldsforestillingen., (takk).
   B: Hvor vil dere sitte ?
   A: Midt i salen/Ikke for langt bak (*fremme*).
   B: Vær så god, rad 11 plass 26 og 27.

5. A: Hvor er billettluka (*garderoben/toalettet/kiosken*)?
   B: Den (*det*) er rett der borte (*der borte til høyre/til venstre i
       underetasjen/ved siden av inngangen*).

6. A: Hva gjør du i fritida? / Hva driver du med?
   B: Jeg ser på tv (*leser bøker/spiller fotball/jogger/fisker/
       går tur/svømmer/besøker venner/slapper av*).

C Übungstext

Christian er glad for at Aud endelig kommer. Hun har arbeidet hele dagen, fordi det er midt i turistsesongen. Sommerjobben på campingplassen har hun fått av onkelen sin. Han er bonde også og har et lite småbruk, med høner, ender, griser og sauer.

Christian er .... for at Aud endelig kommer. Hun har arbeidet .... dagen, fordi det er .... i turistsesongen. Sommerjobben .. campingplassen har hun fått av onkelen ... . Han er bonde også og har et lite småbruk, ... høner, ender, griser og sauer.

Christian har kjøpt regndress og ny fiskestang. Hvis han vil fiske, må han betale fisketrygdavgift, ellers risikerer han å få høye bøter.

Christian har kjøpt .... og ny fiskestang. .... han vil fiske, må han ...... fisketrygdavgift, ellers risikerer han å få høye ....

I billettluka kjøper Aud to billetter til kveldsforestillingen. Etterpå har hun lyst til å gå et sted og spise. Christian vil gjerne vite hva Aud gjør i fritida. Hun forteller at hun leser bøker, er glad i sport og spiller fotball, men aller best liker hun å ligge på ei badestrand og slappe av.

I billettluka ...... Aud to billetter til kveldsforestillingen. Etterpå ... hun lyst til å gå et .... og spise. Christian vil ...... vite hva Aud gjør i fritida. Hun forteller at hun ..... bøker, er .... i sport og spiller fotball, men aller best liker hun å ..... på ei badestrand og slappe av.

131

D Vokabelliste

Substantiv

kinolokal /et	Kinosaal	håndkle /et	Schürze
turistsesong /en	Touristensaison	rad /en	Reihe
rot /a	Wurzel	garderobe /en	Garderobe
sommerjobb /en	Ferienjob	underetasje /en	Keller
bonde /en	Bauer		
småbruk /et	kl. Bauernhof		
høne /a	Huhn	*Verb*	
and /a	Ente		
gris /en	Schwein	unnskylde	entschuldigen
sau /en	Schaf	leve	leben
hand /a, Pl.hender	Hand	risikere	riskieren
storinnkjøp /et	Großeinkauf	fiske	angeln
(sports)forret-	(Sport)geschäft	svømme	schwimmen
ning /en		spille	spielen
utvalg /et	Auswahl		
fiskestang /a	Angel		
fisketrygd-	Angelgebühr	*Adjektiv*	
avgift /en			
ferskvann /et	Süßwasser	fattig	arm
bot /a	Bußgeld	skikkelig	ordentlich
sal /en	Saal	kjedelig	langweilig
(kvelds)-	(Abend)-	utsolgt	ausverkauft
forestilling /en	vorstellung		
pakke /a	hier: Tüte		
drops /et	Bonbon	*Adverb*	
sjokolade /en	Schokolade		
forhør /et	Verhör	sent	spät
fritid /a	Freizeit	ennå	noch
friluftsliv /et	Freizeitaktivitäten	opprinnelig	ursprünglich
	in der Natur	derfor	deshalb
badestrand /a	Badestrand	akkurat	genau
fotball /en	Fußball	særlig	besonders
likestilling /en	Gleichberechtigung	muligens	möglicherweise
(kvinne)fotball /en	(Damen)fußball	fremme	vorne

132

Er klokka blitt så mange?	Ist es schon so spät?
Det var ikke meningen.	Das war nicht meine Absicht.
De har hendene fulle.	Sie haben alle Hände voll zu tun.
Ta nettene til hjelp	die Nächte zu Hilfe nehmen
slett ikke	überhaupt nicht
gå et sted og spise	irgendwo essen gehen
Filmen er slutt.	Der Film ist zu Ende.
Jeg er glad i sport.	Ich treibe gerne Sport.
Er det billetter igjen?	Gibt es noch Karten?
midt i	in der Mitte
rett der borte	gleich da drüben

E Grammatik

§ 51 Substantive mit unregelmäßigem Plural

	Singular		Plural		
	unbestimmt	bestimmt	unbestimmt	bestimmt	
Mask.	en bonde	bonden	bønder	bøndene	(Bauer)
	en fot	foten	føtter	føttene	(Fuß)
Fem.	ei tann	tanna	tenner	tennene	(Zahn)
	ei bok	boka	bøker	bøkene	(Buch)
Neutr.	et tre	treet	trær	trærne	(Baum)
	et kne	kneet	knær	knærne	(Knie)

- Bei einigen Substantiven ändert sich der Stammvokal im Plural.
  Dazu gehören

  die Maskulina: bonde - bønder, fot - føtter

  die Femina: and - ender, kraft - krefter (Kraft), natt - netter,
  stang - stenger, strand - strender, tang - tenger (Zange)

  und die Neutra: kne - knær, forkle - forklær (Schürze)
  håndkle - håndklær (Handtuch), tre - trær

§ 52   Adjektive auf -*(l)ig* und -*sk*

1. et fatt*ig* land
   et hygge*lig* besøk

   ein armes Land
   ein netter Besuch

2. et fantasti*sk* bilde
   et nor*sk* hus

   ein fantastisches Bild
   ein norwegisches Haus

• Einige Adjektive bekommen kein -*t* in der bestimmten Form Singular Neutrum. Dazu gehören

1. Adjektive auf -*(l)ig*   *heldig* (glücklich), *gjerrig* (gierig),
                            vennlig (freundlich)

→ *Praktische Grammatik der norwegischen Sprache* §40.1

2. Adjektive auf -*sk,* die eine Nationalität bezeichnen oder zwei- oder mehrsilbig sind : *norsk, tysk, praktisk, fantastisk, mekanisk*

→ *Praktische Grammatik der norwegischen Sprache* §40.2

§ 53   Stellung des Adverbs im Nebensatz

Hauptsatz	Nebensatz
Du må gå nå (Du mußt jetzt gehen,	hvis du *ikke* vil komme for sent. wenn du *nicht* zu spät kommen willst).
Hun vet ikke (Sie weiß nicht,	at den *snart* er halv åtte. daß es *bald* halb acht ist).
Han kjenner mange filmer (Er kennt viele Filme,	fordi han *ofte* går på kino. weil er *oft* ins Kino geht).

• Im Nebensatz werden einige Adverbien vor das flektierte Verb gestellt.

→ *Praktische Grammatik der norwegischen Sprache* §218

F Übungen

1. Spørsmål til hovedteksten:

a) Hva skal Christian og Aud gjøre i kveld?
b) Hvorfor kommer Aud så sent?
c) Hvor er foreldrene til Aud opprinnelig fra?
d) Hvem driver den campingplassen Aud jobber på?
e) Kan de leve av det?
f) Hvilken kinoforestilling går Aud og Christian på?
g) Hvorfor vil ikke Aud at Christian skal kjøpe drops og sjokolade?
h) Hva skal de gjøre etter forestillingen?
i) Hva gjør Aud i fritida?
j) Når begynner filmen?

2. Se på kinoannonsene og svar på spørsmålene:

KINO

Netter i Harlem (am. - 15 år),
Kl. 11, 13.20, 18.10 og 20.30
Mystic Pizza (am. .18 år),
Kl. 11, 13, 15, 17, 19 og 21
Viva Villaveien (no. - 5 år),
Kl. 12, 14.15, 16.30 og 18.45
Siste stopp i Brooklyn (ty./am./
engl. tale - 15 år). Kl. 21

Forklaring av forkortelsene:

am. - amerikansk
no. - norsk
ty. - tysk
engelsk tale - in engl. Sprache

a) Hvilken film vil du helst se? ....
b) Er det en film for voksne eller barn? ....
c) Når begynner forestillingen? ....
d) Liker du å gå på kino? ....

3. Se på kinoannonsene ovenfor og lag spørsmål:

.................................? Ja gjerne. Det er så lenge siden sist jeg var på kino.
.................................? Nei, jeg liker ikke amerikanske filmer.
.................................? Jeg vil helst se en norsk film.
.................................? Ja, det er sikkert en god film.
.................................? I kveld? Ja, det passer bra.
.................................? Den begynner kvart på sju.
.................................? Vi kan møtes halv sju utenfor kinolokalet.

4. Øv dialogene:

A: Hva skal vi gjøre i ettermiddag?
B: Vi kan kanskje gå på kino.
A: Kan vi ikke heller være hjemme?
B: Ok. Det kan vi godt.

Bytt ut *gå på kino* og *være hjemme* med:

spille fotball - jogge - se på tv - gå en tur - lese ei bok - besøke venner -
slappe av - bade - ligge på stranda

5. Sett inn substantivene i plural:

bonde	Herr og fru Karlsen er ....
and	De har et lite småbruk med griser, sauer og ....
hand	Om sommeren har de .... fulle og må ofte
natt	ta .... til hjelp.
tre	Foran huset deres står flere store ....
	Lille Kjell sitter under et av dem.
bok	Han ser i to .... som ligger
kne	på .... hans.
fot	Ved siden av .... hans ligger
fiskestang	to nye ....
gulrot	Han spiser noen ....
tann	Det er bra for ....

6. Lag så mange spørsmål og svar som mulig:

		ikke	regner	i Norge
		aldri	snør	i Italia
A:	Jeg lurer på om det	sjelden	hagler	i Tyskland
		ofte	blåser	i Oslo
		alltid	er varmt	på Hardangervidda

B: Ja, det ....
/Nei, det ....
/Jeg tror at det ....

7. Rollespill: På kino

Du skal på kino sammen med en gutt / ei jente.
Du kommer for sent og unnskylder deg.
Dere diskuterer hvilken film dere vil se, og du kjøper billetter.
Etterpå spør du om du skal kjøpe sjokolade eller drops.
I kinosalen snakker dere om hva dere gjør i fritida.

137

Lektion 15   EN DISKUSJON

A Haupttext

Utenfor kinolokalet

Aud: Den filmen var ikke verst.

Christian: Nei, den var bra, og mye mer spennende enn jeg
            hadde tenkt på forhånd.

Aud: Særlig likte jeg henne som spilte den kvinnelige
            hovedrollen.

Christian: Jeg er ikke sikker på om jeg er helt enig i det.
            Hun kunne godt ha vært litt yngre, synes jeg.

Aud: Nei gi deg, det var nettopp det beste at hun var
            modnere enn de fleste som spiller slike roller.

Christian: Kanskje har du rett. Hun tok seg unektelig godt ut
            selv om hun hadde på seg de mest avleggs og slitte
            klær jeg har sett på lenge.

Aud:	Gutter som bare tenker på utseende til jentene, er det verste jeg vet.
Christian:	Nå tror jeg du misforstår meg. Hun var veldig sympatisk og interessant også.
Aud:	Ja, det kan vi være enige om. Jeg har sett henne i en annen film også. Men jeg har glemt hva den het.
Christian:	Hva handlet den om?
Aud:	Den handlet om ei enslig mor med mange magre, fillete unger som kom til en fremmed småby for å slå seg ned der.
Christian:	Den tror jeg ikke jeg har sett.
Aud:	Og noen av de nye naboene hennes brukte de simpleste knep for å bli kvitt henne.
Christian:	Den høres ganske banal og melodramatisk ut, synes jeg.
Aud:	Det er ikke den mest kompliserte filmen jeg har sett. Den var ikke så god som den vi nettopp har sett.
Christian:	Ja, det var flaks at den gikk akkurat i dag.
Aud:	Jeg synes forresten at de litt eldre filmene ofte er bedre enn de som blir laget nå.
Christian:	Det har du rett i. Det ble virkelig laget mange gode filmer i gamle dager. Men skulle vi ikke gå et sted og spise?
Aud:	Jo, gjerne.
Christian:	Hvor ligger den nærmeste restauranten?
Aud:	Det er bare noen få spisesteder her på stedet. I restauranten på hotellet er maten ikke så ille.
Christian:	Er det langt dit?
Aud:	Nei da, det er rett der borte.
Christian:	Da går vi dit.

B Sprachmustertexte

1. A: Hvordan liker du henne?/Hva synes du om henne?
   B: Jeg synes hun er (*virker*) sympatisk (*sjarmerende/dyktig*).

2. A: Hvordan liker du ham?/Hva synes du om ham?
   B: Jeg synes han er (*virker*) for egoistisk (*nysgjerrig/selvsikker*).

3. A: Jeg synes at eldre filmer ofte er bedre enn moderne.
   B: (Ja), det stemmer./ Det er også min mening. / Det synes jeg også./ Det er riktig.

4. A: Jeg synes at den filmen ikke var så god som den vi så i forrige uke.
   B: (Nei), tvert imot. / Jeg er av en helt annen mening. / Det ser jeg helt annerledes. / Det har du rett i.

5. A: Etter min mening burde aldersgrensen for voksne være 18 år på kino.
   B: Det kan godt være. / Det er absolutt mulig./ Det er jeg ikke så sikker på./ Det tviler jeg på. / Det vil jeg ikke ta stilling til. / Det kan diskuteres.

C Übungstext

Aud og Christian diskuterer filmen de har sett. Aud synes filmen ikke var verst, og Christian er enig. Også han synes filmen var bra og mye mer spennende enn han trodde på forhånd. Aud likte særlig godt henne som spilte den kvinnelige hovedrollen, men Christian er ikke så sikker på om han er av samme mening.
De har lyst til å gå et sted og spise, og blir enige om å gå på restauranten på hotellet.

Aud og Christian .... filmen de har sett. Aud synes fimen ikke var ..... ,og Christian er enig. Også han synes ...... var bra og ... mer spennende enn han trodde på forhånd. Aud ..... særlig godt henne som spilte den .... hovedrollen, men Christian er ikke så sikker på .. han er av samme mening.
De har .... til å gå et sted og spise, og blir enige om å gå på restauranten .. hotellet.

D Vokabelliste

Substantiv

diskusjon /en	Diskussion	sjarmerende	charmant
(hoved)rolle /en	(Haupt)rolle	egoistisk	egoistisch
utseende /et	Ausschen	selvsikker	selbstsicher
småby /en	Kleinstadt	annerledes	anders
spisested /et	Speiselokal		
aldersgrense /en	Altersgrenze	*Adverb*	

Adjektiv		unektelig	zweifellos
		på forhånd	im vorraus
spennende	spannend	nettopp	gerade
kvinnelig	weiblich	på lenge	seit langem
moden	reif	tvert imot	im Gegenteil
avleggs	altmodisch		
sympatisk	sympathisch	*Verb*	
enslig	alleinstehend		
mager	mager	misforstå	missverstehen
fillet	zerlumpt	handle om	handeln von
fremmed	fremd	virke	wirken
simpel	gemein	tvile	zweifeln
banal	banal	diskutere	diskutieren
melodramatisk	melodramatisch		
komplisert	kompliziert		
dyktig	tüchtig	*Pronomen*	
nysgjerrig	neugierig		
moderne	modern	slik	solcher

Uttrykk

Gi deg!	Hör auf!
Hun tok seg unektelig godt ut.	Sie sah zweifellos gut aus.
bruke knep	Tricks anwenden
Hva synes du om henne?	Was hältst du von ihr?
Jeg er av en helt annen mening.	Ich bin ganz anderer Meinung.
Det tviler jeg på.	Das bezweifle ich.
Det vil jeg ikke ta stilling til.	Dazu will ich keine Stellung nehmen.
Det kan diskuteres.	Darüber kann man diskutieren.

E Grammatik

§ 54 Unregelmäßige Steigerung der Adjektive

Positiv	Komparativ	Superlativ	
bra/god	bedre	best	(gut)
vond/ille	verre	verst	(schlimm)
få	færre	færrest	(wenig)
mange	flere	flest	(viele)
mye	mer	mest	(viel)
gammel	eldre	eldst	(alt)
ung	yngre	yngst	(jung)
lang	lengre	lengst	(lang)
liten	mindre	minst	(klein)
stor	større	størst	(groß)
nær	nærmere	nærmest	(nah)

→ *Praktische Grammatik der norwegischen Sprache* §47

§ 55 Adjektive ohne eigene Komparativ- und Superlativformen

Positiv	Komparativ	Superlativ	
1. slitt	mer slitt	mest slitt	(abgenutzt)
2. fillete	mer fillete	mest fillete	(zerlumpt)
fremmed	mer fremmed	mest fremmed	(fremd)
3. sympatisk	mer sympatisk	mest sympatisk	(sympathisch)
4. avleggs	mer avleggs	mest avleggs	(altmodisch)
5. komplisert	mer komplisert	mest komplisert	(kompliziert)

- Einige Adjektive bekommen im Komparativ und Superlativ keine eigenen
  Formen, sie werden stattdessen mit *mer* und *mest* gesteigert.
  Die wichtigsten sind:
  1. Adjektive, die aus einem *Partizip* gebildet werden (slite - slet - *slitt*)
  2. Adjektive auf *-ete* und *-ed*
  3. mehrsilbige Adjektive aus *-sk*
  4. Adjektive auf **-s**
  5. lange, mehrsilbige Adjektive

→ *Praktische Grammatik der norwegischen Sprache* §48

§ 56 Vergleichskonjuktionen *som* und *enn*

Jeg er *like stor som* deg.	Ich bin *genau so groß wie* du.
Jeg er *større enn* deg.	Ich bin *größer als* du.
Læreboka i norsk er *ikke så vanskelig som* jeg hadde trodd.	Das norwegische Lehrbuch ist *nicht so schwierig wie* ich geglaubt hatte.
Læreboka i norsk er *vanskeligere enn* jeg hadde trodd.	Das norwegische Lehrbuch ist *schwieriger als* ich geglaubt hatte.
Filmen var *ikke så god som* jeg hadde trodd.	Der Film war *nicht so gut wie* ich geglaubt hatte.
Filmen var *bedre enn* jeg hadde trodd.	Der Film war *besser als* ich geglaubt hatte.

- Der Gebrauch von *som* und *enn* bei Vergleichen entspricht genau dem Gebrauch von *wie* und *als* im Deutschen.

F Übungen

1. Spørsmål til hovedteksten:

a) Hva syntes Aud og Christian om filmen?

b) Hva sa Christian om henne som hadde den kvinnelige hovedrollen?

c) Var Aud enig med ham?

d) Hva handlet den andre filmen om som Aud hadde sett tidligere?

e) Hva syntes Aud om eldre filmer?

f) Hva ville de gjøre etter filmen?

g) Hvor gikk de for å spise?

2. Sett inn adjektivene i riktig form (positiv, komparativ, superlativ):

	A:	Hei, har du vært på kino i kveld?
spennende	B:	Ja, jeg har sett en veldig .... film.
god		Det er den ....:.......... jeg har sett på lenge.
spennende	A:	Var den like .... som den vi så i forrige uke?
god	B:	Den var enda .... enn den.
spennende	A:	Det er dessverre ikke så ofte at det går .... filmer lengre, synes jeg.
få	B:	Det synes jeg også. Det blir .... og .... av dem.
	A:	Etter min mening er de filmene som går på tv, ofte
spennende		de ....
mange		De viser heldigvis .... og .... eldre
god		filmer, og de er ofte .... enn de moderne.
dårlig	B:	Det kan diskuteres. De viser mange .... filmer også.
	A:	Ja, men vi trenger jo ikke se dem.
fornuftig	B:	Det har du helt rett i. Det er ofte .... å gjøre noe annet.

3. Svar på spørsmålene. Begynn svaret med: Jeg synes ... / Jeg tror...

Eksempel: A: Hvilket språk er vanskeligst, norsk, fransk eller engelsk?
                 B: Jeg synes engelsk er vanskeligere enn norsk, men fransk
                      er vanskeligst.

1. Hva smaker best, kaffe, kakao eller te?
2. Hva er mest spennende, fotball, håndball eller tennis?
3. Hva er morsomst, å reise med bil, med tog eller med ferge?
4 . Hvor er sommernettene lengst, i Norge, i Danmark eller i Italia?
5. Hvor regner det mest, i Oslo, i Trondheim eller i Bergen?

4 a) Øv dialogen:

A: Slipset mitt er *gammelt.*
B: Jeg tror mitt er enda *eldre.*
A: Nei, det har du ikke rett i. Mitt er *eldst.*

b) Skift ut formene av *gammel* i dialogen ovenfor med de riktige
formene av *lang, slitt. liten, fillete, stor, avleggs* og *moderne*
og øv dialogene.

5 a) Øv dialogen:

A: Det er *morsomt* å lære norsk.
B: Det kan godt være, men det er enda *morsommere* å lære engelsk.
A: Nei, det stemmer ikke. Det er *morsomst* å lære norsk.

b) Skift ut formene av *morsomt* i dialogen ovenfor med de riktige
formene av *vanskelig, komplisert, vond* og *tung* og øv dialogene.

6 a) Øv dialogen:

A: Jeg synes han som spilte den mannlige hovedrollen, virket veldig *ung.*
B: Det synes jeg også, men hun som spilte den kvinnelige hovedrollen,
virket enda *yngre.*
A: Nei, gi deg, hun som spilte den kvinnelige hovedrollen, virket
absolutt *yngst.*

b) Skift ut formene av *ung* i dialogen ovenfor med de riktige
formene av *sympatisk, sjarmerende, dyktig, egoistisk,
nysgjerrig, selvsikker* og *gammel* og øv dialogene.

7. Rollespill

Diskusjon om en film.

Lektion 16 PÅ RESTAURANT

A Haupttext

Christian:	Vi vil gjerne ha et bord til to personer.
Kelneren:	Nesten alle bord er ledige i kveld. Hvor vil dere sitte?
Aud:	Skal vi sitte der borte ved vinduet?
Christian:	Ja fint, det er helt i orden for meg.
Kelneren:	Hva skal det være?
Aud:	Vi vil gjerne ha noe å spise.
Kelneren:	Vær så god, her er spisekartet. Kanskje dere vil bestille noe å drikke med en gang.
Christian:	Ja takk, gjerne. Hva vil du ha å drikke, Aud?
Aud:	Hadde jeg hatt råd til det, hadde jeg drukket et glass vin, men det er dessverre for dyrt. Jeg tror jeg tar en lettøl.
Christian:	En lettøl til meg også.

Aud: Hva skal vi spise?
Christian: Iallfall ikke spagetti.
Aud: Spagetti?
Christian: Ja, i den læreboka i norsk vi brukte i Bonn, stod det
            at spagettien ikke alltid er så god i Norge. Pizzaen
            skal være bedre.
Aud: For det første må du ikke tro på sånne lærebøker, og
            for det andre bør du smake på noe typisk norsk nå
            som du har sjansen.
Kelneren: Kanskje jeg kan hjelpe?
Christian: Det ville være fint. Hva kan du anbefale?
Kelneren: Dagens meny er meget god i dag.
Aud: Hva består den av?
Kelneren: Til forrett kan man velge mellom rekecocktail og
            røkelaks med eggerøre. Hovedretten er elgstek med
            tyttebær, og til dessert enten multekrem eller
            tilslørte bondepiker.
Aud: Mmm, det høres godt ut. Jeg tar dagens meny med
            røkelaks til forrett og multekrem til dessert.
Christian: Jeg også, men jeg vil ha tilslørte bondepiker til
            dessert. Riktignok vet jeg ikke hva det er, men det
            høres så spennende ut.

Under måltidet

Christian: Hadde jeg ikke truffet deg, hadde jeg sittet alene på
            campingplassen og spist oppvarmet boksemat nå.
Aud: Så det er på grunn av maten at du er glad for å ha
            truffet meg!
Christian: Du er umulig, men jeg liker deg likevel.
Aud: Det var da enda godt.

Etter måltidet

Kelneren: Smakte det?

Christian: Ja takk, det smakte utmerket. Jeg vil gjerne betale.

Kelneren: Bare et lite øyeblikk.

Aud: Du får ikke lov til å betale alt alene. Vi skal dele på regningen.

Christian: Ok, hvis du insisterer på det. Men jeg betaler nå, så kan vi heller dele etterpå.

Aud: Ja, sånn kan vi gjerne gjøre det.

Christian: Er det vanlig å gi drikkepenger i Norge?

Aud: Service er i og for seg inkludert i prisen, men det er ganske vanlig å gi noen kroner ekstra, iallfall på en bedre restaurant.

Kelneren: Vær så god, her er regningen.

Christian: Vær så god, det er i orden.

Kelneren: Hjertelig takk.

Christian: Takker man for maten på restaurant også?

Aud: Det hender at man takker hverandre.

Christian: Takk for maten, da.

Aud: Takk i like måte.

B Sprachmustertexte

1. A: Kan (*kunne*) jeg få menyen, takk!
   B: Vær så god, jeg vil gjerne (*få*) anbefale dagens meny.

2. A: Hva vil du (*De*) ha å drikke?
   B: (Jeg tar) et glass rødvin (*pils/lettøl/brus/vann*), takk.

3. A: Hvilken forrett kan du (*De*) anbefale?
   B: Hva med ei fiskesuppe (*aspargessuppe/tomatsuppe/sjampinjon-suppe*)?

4. A: Hva vil du (*De*) ha til hovedrett?
   B: Jeg tar fiskeboller (*fiskepudding i rekesaus/stekte fiskekaker/biff med løk/kokt torsk/kjøttkaker med surkål*).

148

5. A: Vil du (*De*) ha en dessert?
   B: Ja takk, jeg tar fruktsalat (*trollkrem/is og jordbær/sjokolade-pudding med vaniljesaus*).

6. A: Smakte det?
   B: Ja, det smakte (*var*) ypperlig (*utmerket/godt*).
   B: Nei, det var (dessverre) for salt (*søtt/sterkt/seigt/kaldt*).

7. A: Jeg vil gjerne betale./ Får jeg regningen, takk!
   B: Et øyeblikk bare.

8. A: Vær så god, det er i orden.
   B: Takk for besøket og velkommen igjen.

C Übungstext

Etter at de hadde vært på kino,
gikk Aud og Christian for å spise
på en restaurant.
Nesten alle bordene var ledige,
så de valgte et bord ved vinduet.
Kelneren kom med menyen, og
de bestilte først noe å drikke.
Begge ville ha lettøl. Hvis det
ikke hadde vært så dyrt, hadde
Aud bestilt et glass vin.
Kelneren anbefalte dagens meny,
begge tok den, og maten smakte
utmerket.
Etter måltidet ville Christian
betale, men Aud insisterte på at
de skulle dele på regningen.
Selv om service var inkludert i
prisen, ga de litt drikkepenger,
for det er ganske vanlig på
restaurant i Norge.

Etter at de ..... vært på kino,
gikk Aud og Christian ... å spise
.. en restaurant.
Nesten alle bordene var ......,
så de ...... et bord ved vinduet.
Kelneren kom med ......, og
de bestilte først ... å drikke.
Begge ..... ha lettøl. Hvis det
ikke hadde .... så dyrt, hadde
Aud .... et glass vin.
Kelneren anbefalte dagens ....,
begge tok ..., og maten smakte
....
Etter .... ville Christian
betale, men Aud insisterte .. at
de skulle dele .. regningen.
Selv .. service var inkludert i
prisen, ga de litt ....,
for det er ganske ...... på
restaurant i Norge.

D Vokabelliste

Substantiv

kelner /en	Kellner
meny /en	Speisekarte
vin /en	Wein
lettøl /et	alkoholarm. Bier
spagetti /en	Spaghetti
pizza /en	Pizza
lærebok /a	Lehrbuch
forrett /en	Vorspeise
rekecocktail /en	Krabbencocktail
røkelaks /en	Räucherlachs
eggerøre /a	Rührei
hovedrett /en	Hauptgericht
elgstek /en	Elchsteak
tyttebær /et	Preiselbeere
dessert /en	Dessert
multekrem /en	Moltebeercrem
boksemat /en	Konservengericht
måltid /et	Mahlzeit
regning /en	Rechnung
drikkepenger	Trinkgeld
service /en	Bedienung
fiskesuppe /a	Fischsuppe
aspargessuppe /a	Spargelsuppe
sjampinjon-suppe /a	Champignon-suppe
fiskebolle /en	Fischkloß
fiskepudding /en	Fischpudding
rekesaus /en	Krabbensoße
fiskekake /a	Fischfrikadelle
biff /en	Steak
løk /en	Zwiebel
torsk /en	Dorsch
kjøttkake /a	Frikadelle
surkål /en	Sauerkraut
fruktsalat /en	Obstsalat
is /en	Eis
jordbær /et	Erdbeere

vaniljesaus /en	Vanillesoße
trollkrem /en	Preiselbeeren mit Schlagsahne
sjokolade-pudding /en	Schokoladen-pudding

Verb

bestå av	bestehen aus
velge	wählen
bestille	bestellen
dele	teilen
varme opp	aufwärmen
betale	bezahlen
takke	danken
hende	geschehen
steke	braten
koke	kochen

Adjektiv

salt	salzig
søtt	süß
sterk	stark
seig	zäh
ekstra	extra
ypperlig	vorzüglich
utmerket	ausgezeichnet

Preposisjoner

på grunn av	wegen
mellom	zwischen

Konjunksjoner

enten ... eller	entweder ... oder

Uttrykk

Hva skal det være?	Was darf es sein?
Det ville være fint.	Das wäre schön.
dagens meny	Tagesmenü
til forrett	als Vorspeise
tilslørte bondepiker	«verschleierte Bauernmädchen» (Apfelmus mit Schlagsahne und Krokant)
Det høres godt ut.	Das hört sich gut an.
i og for seg	an und für sich
inkludert i prisen	im Preis inbegriffen
Takk for maten.	Danke für das Essen.
Takk for besøket.	«Danke für den Besuch.»
Velkommen igjen.	Besuchen Sie uns bald wieder.
Det var da enda godt.	Das beruhigt mich.
dele på regningen	getrennt zahlen
insistere på	bestehen auf
under måltidet	während der Mahlzeit

E Grammatik

§ 57 Inversion

1. a)	Jeg var på kino på fredag.	Ich war am Freitag im Kino.
b)	På fredag var jeg på kino.	Am Freitag war ich im Kino.
2. a)	Vi har ikke råd til vin.	Wir können uns keinen Wein leisten.
b)	Vin har vi ikke råd til.	Wein können wir uns nicht leisten.
3. a)	Han er ikke dum.	Er ist nicht dumm.
b)	Dum er han ikke.	Dumm ist er nicht.
4. a)	Det regnet da jeg gikk hjem.	Es regnete, als ich nach Hause ging.
b)	Da jeg gikk hjem, regnet det.	Als ich nach Hause ging, regnete es.
5. a)	Jeg kan kanskje hjelpe.	Ich kann vielleicht helfen.
b)	Kanskje jeg kan hjelpe?	Vielleicht kann ich helfen?

• Die gebräuchlichste Wortfolge der norwegischen Hauptsätze ist
  Subjekt + Verb + andere Satzglieder. (Beispiele 1a, 2a, 3a, 4a, 5a)

• Wenn ein anderes Satzglied den Satz einleitet, folgt wie im Deutschen das
  Subjekt dem Verb. (Beispiele 1b, 2b, 3b)

• Wenn ein Nebensatz vor dem Hauptsatz steht, hat man sowohl im Norwe-
  gischen als auch im Deutschen Inversion. (Beispiel 4b)

• Sätze, die mit einem Objekt (Beispiel 2b) oder Prädikativum anfangen,
  (Beispiel 3b) sind im Norwegischen selten und beabsichtigen, das
  vorange-stellte Satzglied hervorzuheben.

• Nach dem Adverb *kanskje* hat man im Norwegischen keine Inversion in
  Sätzen mit Fragecharakter. (Beispiel 5b)

§ 58   Irreale Bedingungen / Wünsche

1. Hvis jeg nå *hadde hatt* penger,	*hadde* jeg *kjøpt* et glass vin / *ville* jeg *ha kjøpt* et glass vin.
(Wenn ich jetzt Geld hätte,	hätte ich ein Glas Wein gekauft / würde ich ein Glas Wein kaufen.
2. *Hadde* jeg bare *hatt* penger nok! (Hätte ich bloß genug Geld!)	

- Irreale Bedingungen (Beispiel 1) und irreale Wünsche (Beispiel 2) werden im Norwegischen oft mit dem Plusquamperfekt ausgedrückt.

→ *Praktische Grammatik der norwegischen Sprache* §151,2

F   Übungen

1. Spørsmål til hovedteksten:

a)   Er det ledige bord på restauranten?

b)   Hvor vil Christian og Aud sitte?

c)   Hvorfor bestiller ikke Aud vin?

d)   Hva vil Christian ha å drikke?

e)   Hvorfor vil ikke Christian ha spagetti?

f)   Hva mener Aud at Christian bør smake på?

g)   Hva består dagens meny av?

h)   Hvorfor er Christian glad for å ha truffet Aud?

i)   Hvem betaler regningen?

j)   Er det vanlig å gi drikkepenger i Norge?

k)   Takker man for maten på restaurant?

2. Skriv ferdig dialogen og øv den:

A: Jeg vil gjerne ha noe å spise.
B: ....
A: Hvilken forrett kan du anbefale?
B: ....
A: Og hovedrett?
B: ....
A: Jeg vil gjerne ha en dessert også.
B: ....
A: Jeg tar ....

3. Lag setninger med *etter at:*

Eksempel: Aud og Christian - være på kino, - de - gå for å spise
           Etter at Aud og Christian hadde vært på kino, gikk de for å spise.

a) De - sette seg, - kelner - komme med meny
   Etter at ....

b) Aud - spise hovedrett, hun - spise - multekrem til dessert
   Etter at ....

c) De spise, de - betale
   Etter at ....

d) De - betale, de - takke hverandre for maten
   Etter at ....

4. Øv dialogene:

A: Hva har du lyst til å kjøpe?
B: Hadde jeg hatt råd , hadde jeg kjøpt meg en (*ei/et*) ny *(nytt)* bil
   (klokke/bok/spill/skjørt/skjorte/genser/bukse/regnfrakk).

5 a)   Fyll ut med riktige verbformer:
        gå en tur / se på tv / lese ei god bok / besøke noen gamle venner /
        gå på kino

        A: Hva har du lyst til å gjøre?
        B: Hadde jeg hatt tid, hadde jeg ....

5 b)   Fyll ut med riktige verbformer:
        spise en biff / bestille røkelaks / ta dagens meny / drikke ei flaske vin

        A: Hva vil du ha?
        B: Hadde jeg hatt nok penger, hadde jeg ....

6.   Lag nye setninger:

Eksempel: På lørdag - Eva og Hans gikk ut for å spise
             På lørdag gikk Eva og Hans ut for å spise.

a) Dessverre - De hadde dårlig tid
    Dessverre ....

b) Heldigvis - De fant fort en hyggelig restaurant
    Heldigvis ....

c) På restauranten - De bestilte dagens meny
    ....

d) Etter en stund - Kelneren kom med maten
    ....

e) Da de hadde spist - Eva betalte
    ....

f) Vanligvis - Man gir litt drikkepenger på restaurant
    ....

g) Etterpå - De takket hverandre for maten
    ....

7. En telefonsamtale:

Du ringer til en restaurant for å bestille et bord.

Kelneren spør om: - Hvor mange personer dere er
   - Hvilken dag dere vil komme
   - Når på dagen dere vil komme
   - Hvor dere vil sitte

8. Rollespill: På restaurant

Forretter

sjampinjongsuppe	35,-
fiskesuppe	30,-
rekecocktail	45,-
røkelaks med eggerøre	62,-

Hovedretter

kjøttkaker	80,-
biff med løk	84,-
elgstek med tyttebær	125,-
kokt torsk	98,-
stekte fiskekaker	90,-
fiskeboller med rekesaus	102,-

Dessert

sjokoladepudding med vaniljesaus	42,-
fruktsalat	40,-
tilslørte bondepiker	45,-
multekrem	50,-
trollkrem	48,-
is og jordbær	48,-

Ansicht von Kragerö

Lektion 17 ET PRIVAT BESØK

A Haupttext

(Gerda og Wilhelm skal spise middag hos svigerforeldrene til Heidi, Turid og Erling Tangen.)

Ute i entréen

Turid: Takk for sist. Det er jammen lenge siden. Så hyggelig at dere ville komme.

Gerda: Takk i like måte og tusen takk for invitasjonen. Hvordan står det til?

Erling: Jo takk, bare bra, og velkommen til oss.

Wilhelm: Takk skal du ha. Dere har flyttet inn i ny leilighet siden sist, ser jeg.

Erling: Ja, det gamle huset vårt ble både for stort og for upraktisk for oss.

Turid: Dere kan tro vi har fått det lettvint og greit her.

Gerda: Det skal være visst.

Turid: Vil dere kanskje henge av dere yttertøyet her i entréen?

Wilhelm: Ja takk.

Erling: Et øyeblikk så skal jeg hente et par kleshengere.

Gerda: Vi har tatt med oss et par småting fra Sveits.

Turid: Tusen takk, men det er altfor galt. Dere må da ikke gi oss presanger kan dere skjønne.

Wilhelm: Å, det er ikke rare greiene, bare litt sjokolade og ei flaske vin.

Erling: Det er så altfor mye, selv om jeg må innrømme at jeg setter pris på et lite glass vin.

Wilhelm: Jo mer desto bedre, pleier jeg å si.

Gerda: Huff Wilhelm, nå må du ikke tøyse sånn.

Turid: Vær så god, gå inn i stua.

Inne i stua

Turid: Vil du hente krystallglassene i vitrinskapet, Erling, mens jeg tar en tur ut på kjøkkenet?

Gerda: Kan ikke jeg få hjelpe deg?

Turid: Det er slett ikke nødvendig. Jeg får all hjelp jeg trenger av Erling. Han er blitt stadig flinkere etter at han ble pensjonist.

Erling: Var det ikke onsdag i forrige uke at dere kom til Kragerø?

Wilhelm: Jo, vi har vært her ei ukes tid nå.

Erling: Reiste dere med fly til Norge?

Wilhelm: Nei, vi reiste med tog for at det ikke skulle bli så dyrt.

Erling: Var ikke det veldig anstrengende?

Wilhelm: Vi tok Kielferga til Oslo slik at vi kunne slappe av nesten et helt døgn ombord.

Gerda: Hadde vi ikke gjort det, hadde nok turen blitt mye mer anstrengende.

Wilhelm: Hvor stor er denne leiligheten?

Erling: Den er på ca 90 m².

Turid: Den er akkurat passe stor for oss to, synes jeg. I tillegg til denne stua har vi et stort soverom og et lite gjesterom, og både badet og kjøkkenet er ganske store.

Erling: Du må ikke glemme kjelleren.

Turid: Nei, det er sant. I kjelleren har vi både sportsbod og matbod.

Erling: Og siden vi bor i første etasje, har vi en stor terrasse også.

Turid: Den vender mot sør, sånn at vi har sol der hele dagen.

Erling: Da vi bodde på Kalstad, hadde vi nesten bare skygge.

Turid: Og for at vi ikke skal fryse når det blåser, har vi satt opp en levegg der.

Erling: Så slipper vi å stirre rett inn i hagemøblene til
            naboene våre også.
Turid: Når vi har spist, kan vi gå ut og ta en titt. Hvis det er
            varmt nok, kan vi drikke kaffe på terrassen.
Gerda: Betaler dere mye i husleie?
Erling: Husleia er relativt høy, og i tillegg kommer et
            temmelig stort innskudd. Men vi har fått et rimelig lån
            i Statens Pensjonskasse.
Wilhelm: Ja, man får ingenting gratis i våre dager.
Erling: Men det hadde blitt like dyrt hvis vi hadde pusset opp
            det gamle huset vårt.
Gerda: Er ikke denne leiligheten nyoppusset?
Turid: Nei, fordi den var så god som ny da vi flyttet inn, var
            det ikke nødvendig.
Erling: Det eneste er at vi har skiftet ut terrassedøra med ei
            bredere. Den gamle døra var i smaleste laget.
Turid: Bare et øyeblikk nå så er maten ferdig.

B Sprachmustertexte

1. A: (Hjertelig) velkommen (til oss)./ Takk for sist./
        Så hyggelig at du (*dere*) ville komme.
   B: (Tusen) takk for invitasjonen (*innbydelsen*)./
        (Tusen) takk for at jeg (*vi*) fikk komme.

2. A: (Vær så god), jeg (*vi*) har tatt med oss en liten presang (*gave*) til deg(*dere*).
   B: (Tusen) takk skal du (*dere*) ha./ Det er altfor galt./ Det er altfor mye.

3. A: Trenger du (*dere*) hjelp?/ Kan jeg ikke få hjelpe deg (*dere*)?
   B: Nei takk, det er (slett) ikke nødvendig.

4. A: Hvor stor (*stort*) er denne hybelen (*denne leiligheten/dette huset*)?
   B: Den (*det*) er på 25 (*75/135*) m^2.

5. A: Vender hagen (*terrassen/verandaen/balkongen*) mot sør (*vest*)?
   B: Nei, den vender mot nord (*øst*).

C Übungstext

Gerda og Wilhelm er på besøk hos
svigerforeldrene til Heidi.
Det er lenge siden de har sett
hverandre, og Erling og Turid har
flyttet inn i ny leilighet.
Gerda og Wilhelm har tatt med seg
presanger fra Sveits, og Turid og
Erling takker for dem.
Etter at de har hengt av seg ytter-
klærne ute i entréen, går de inn i
stua.
Den nye leiligheten er akkurat
passe stor, synes Turid.
De har en stor terrasse utenfor
huset. Den vender mot sør slik
at de har sol nesten hele dagen.
De har satt opp en levegg for at
de ikke skal fryse når det blåser.

Gerda og Wilhelm er .. besøk hos
svigerforeldrene til Heidi.
Det er lenge ..... de har sett
........., og Erling og Turid har
flyttet ... i ny leilighet.
Gerda og Wilhelm har tatt ... seg
presanger ... Sveits, og Turid og
Erling takker ... dem.
Etter at de har hengt .. seg ytter-
klærne ... i entréen, går de ... i
stua.
Den ... leiligheten er akkurat
..... stor, synes Turid.
De har en stor terrasse ....
huset. Den vender ... sør slik
at de har sol nesten .... dagen.
De har satt ... en levegg for at
de ikke skal fryse ... det blåser.

D Vokabelliste

Substantiv

(sviger)foreldre	(Schwieger)eltern	kleshenger /en	Kleiderbügel
invitasjon /en	Einladung	småting Pl.	Kleinigkeiten
innbydelse /en	Einladung	stue /a	Wohnzimmer
leilighet /en	Wohnung	krystallglass /et	Kristallglas
yttertøy /et	Oberbekleidung	(vitrin)skap /et	(Vitrinen)schrank
	(die man draußen	kjøkken /et	Küche
	trägt)	kvadratmeter /en	Quadratmeter
entré /en	Eingang, Flur	døgn /et	24 Stunden
par /et	Paar		(rund um die Uhr)
soverom /et	Schlafzimmer	lån /et	Darlehen
gjesterom /et	Gästezimmer	hybel /en	Zimmer zur Miete

161

kjeller /en	Keller	*Adjektiv*	
bod /en	Abstellraum		
sportsbod /en	Abstellraum	privat	privat
	für Sportgeräte	(u)praktisk	(un)praktisch
matbod /en	Vorratskammer	lettvint	leicht
terrasse /en	Terrasse	nødvendig	notwendig
skygge /en	Schatten	anstrengende	anstrengend
levegg /en	Windschutzwand	relativ	relativ
(hage)møbler Pl.	(Garten)möbel	nyoppusset	neurenoviert
husleie /a	Miete	bred	breit
(terrasse)dør /a	(Terrassen)tür	ferdig	fertig
gave /en	Geschenk		
hage /en	Garten	*Adverb*	
veranda /en	Veranda		
balkong /en	Balkon	sør	Süden
		nord	Norden
		øst	Osten
		vest	Westen

Verb		*Konjunksjoner*	
flytte inn	einziehen	sånn at	sodass
henge av seg	aufhängen	jo mer ... desto	je mehr ... desto
vende	wenden	da	als
fryse	frieren	mens	während
stirre	starren	siden	da
pusse opp	renovieren	for at	damit

162

Takk for sist.	(„Danke für das letzte Mal.")
Det er jammen lenge siden.	Das ist aber schon lange her.
Velkommen til oss.	Herzlich willkommen.
lettvint og greit	einfach und praktisch
Det skal være visst.	und ob / Das ist wirklich wahr.
Det er altfor galt.	Das ist viel zu viel.
Det er ikke rare greiene.	Das ist nichts besonderes.
Du må ikke tøyse sånn.	Du mußt nicht so einen Unsinn reden.
ta en tur ut på kjøkkenet	in die Küche gehen
stadig flinkere	immer tüchtiger
ei ukes tid	ungefähr eine Woche
reise med fly	mit dem Flugzeug fliegen
akkurat passe stor	genau groß genug / genau passend
vende mot sør	an der Südseite liegen
i tillegg	zusätzlich
Statens Pensjonskasse	staatliche Kreditinstitution
i våre dager	heutzutage
i smaleste laget	(fast) zu schmal
Takk for at jeg fikk komme.	Danke für die Einladung.

E Grammatik

§ 59 Die Präpositionen *i* und *på* vor Raumbezeichnungen

i kjelleren	- im Keller
i stua	- im Wohnzimmer
i entréen	- im Eingang
i boden	- im Abstellraum
i første etasje	- im Erdgeschoss
på badet	- im Badezimmer
på rommet	- im Zimmer
på kjøkkenet	- in der Küche
på gangen	- im Flur

- Beachten Sie, dass die deutsche Präposition *in* vor einigen Raumbezeichnungen im Norwegischen *i* und vor anderen *på* heißt.

163

§ 60 Unterordnende Konjunktionen / Adverbiale Nebensätze

1. Temporal (zur Angabe der Zeit)

a) *Da* vi bodde på Kalstad, ...	*Als* wir in Kalstad wohnten, ...
b*) Når* vi har spist, ...	*Wenn* wir gegessen haben, ...
c) *Etter at* han ble pensjonist, ...	*Nachdem* er Rentner wurde, ...
d) *Mens* jeg går på kjøkkenet, ...	*Während* ich in die Küche gehe, ...

2. Kausal (zur Angabe der Ursache)

a) *Siden* vi bor i første etasje, ...	*Da* wir im Erdgeschoss wohnen, ...
b) *For*di leiligheten var ny, ...	*Weil* die Wohnung neu war, ...

3. Konditional (zur Angabe der Bedingung)

Hvis vi hadde pusset opp huset, ...	*Wenn* wir das Haus renoviert hätten,..

4. Konzessiv (einräumende Konjunktion)

Selv om jeg liker vin, ...	*Obwohl* ich Wein mag, ...

5. Final (zur Angabe der Absicht)

... *for at* det ikke skulle bli dyrt.	... *damit* es nicht so teuer werden sollte.

6. Konsekutiv (Folge)

... *sånn at* vi har sol.	... *sodass* wir Sonne haben.

7. Komparativ (Vergleich)

Jo mer vin han drakk, *desto* ...	*Je* mehr Wein er trank, *desto* ...

→ *Praktische Grammatik der norwegischen Sprache* §183 f

§ 61 Die Bildung und Verwendung des Genitivs

1. a) Heidi*s* svigerforeldre
    (Heidis Schwiegereltern)
	b) svigerforeldrene til Heidi
	    (die Schwiegereltern von Heidi)

2. a) naboen*s* møbler	b) møblene *til* naboene (die Möbel der Nachbarn)
3. Staten*s* Pensjonskasse	
4. ei uke*s* tid	

- Der Genitiv wird durch die Anfügung eines -*s* gebildet und steht immer vor dem Bezugswort.
- Der Genitiv wird gebraucht:

  a) um ein Besitzverhältnis auszudrücken (1a, 2a)
  b) in vielen offiziellen Namen (3)
  c) um eine (oft ungenaue) Maßangabe auszudrücken (4)

- Der Genitiv, der ein Besitzverhältnis ausdrückt, wird im Norwegischen sehr häufig durch eine Präpositionsverbindung ersetzt. (1b, 2b)

→ *Praktische Grammatik der norwegischen Sprache* §24, 25

F Übungen

1. Spørsmål til hovedteksten:

a) Hos hvem skal Gerda og Wilhelm spise middag?
b) Hvorfor har Turid og Erling flyttet inn i ny leilighet?
c) Hva har Gerda og Wilhelm tatt med seg fra Sveits?
d) Hvorfor trenger ikke Gerda hjelpe Turid på kjøkkenet?
e) Når kom Gerda og Wilhelm til Kragerø?
f) Hvorfor reiste de med tog og ferge?
g) Hvor stor er den nye leiligheten til Turid og Erling?
h) Hva slags rom har de?
i) Hvorfor har de satt opp en levegg på terrassen?
j) Betaler de mye i husleie?
k) Er leiligheten nyoppusset?

2 a) Sett inn riktig preposisjon og øv dialogen:

A: Vet du hvor Erling er?
B: Jeg tror han er ..... stua.

b) Bytt ut *stue* med *bad, entré, kjøkken, kjeller, garasje, andre etasje, soverom* og øv dialogen:

3. Skriv ferdig dialogen og øv den:

A: ....
B: Takk for at jeg fikk komme.
A: ....
B: Takk, bare bra. Står det bra til med deg også?
A: ....
B: Du har flyttet inn i ny leilighet, ser jeg.
A: ....
B: Hvor kan jeg henge yttertøyet?
A: ....

4. Sett inn riktig konjunksjon:

da - for at - fordi - hvis - når - selv om - etter at - jo...desto

.... Wilhelm ble pensjonist, har han og Gerda ofte reist til Norge
.... de har ei voksen datter der.
.... han arbeidet, måtte de være hjemme.
De reiser vanligvis med tog .... det ikke skal bli så dyrt,
men .... de hadde reist med fly, hadde det gått mye fortere.
.... de kommer til Kragerø, er de alltid veldig slitne, men
.... de er trøtte, er de alltid glade for å se barnebarna sine igjen.
.... oftere de er i Kragerø .... mer lyst får de til å slå seg
ned der.

5 a) Øv dialogen:

A: Er det naboens bil?
B: Hvilken bil?
A: Den som står til høyre for (til venstre for/ved siden av) deg.
B: Nei, det er bilen til Kåre.

b) Bytt ut *bil* med *veske, bord, møbler* og øv dialogene:

6. Se på tegningen av leiligheten til Turid og Erling.

  • Hva slags rom har den?
  • Hva slags møbler er det i hvert rom, og hvor står de?

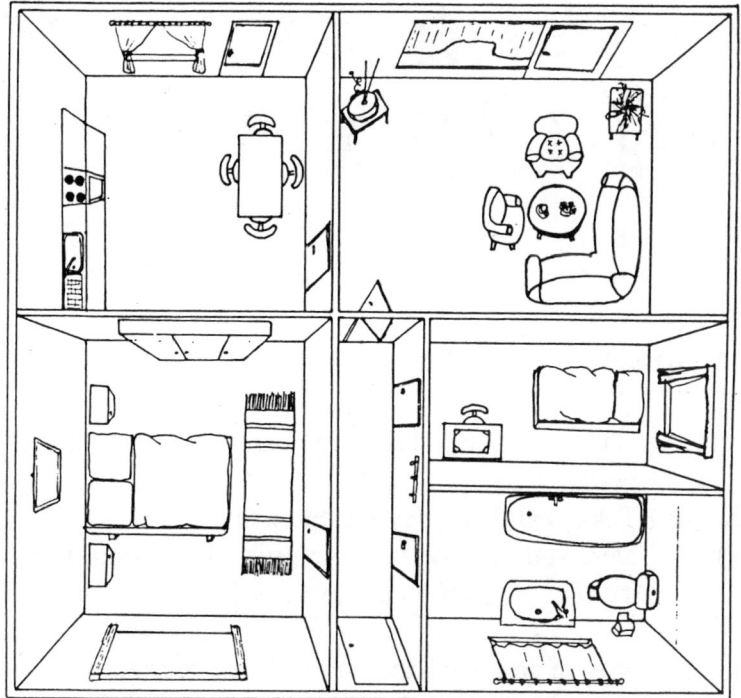

7. Skriv et brev til en venn og fortell om den nye leiligheten din.

Lektion 18 ET PRIVAT BESØK
DEL 2

A Haupttext

Turid: Nå er alt klart. Vil dere være snille og sette dere til
          bords.
Wilhelm: Takk skal du ha. Hvor skal vi sitte?
Erling: Dere kan sitte hvor dere vil, men det er greiest at
          Turid og jeg sitter nærmest kjøkkenet.

Turid: Vær så god, jeg håper at maten vil smake.
          Jeg har laget en enkel skalldyrsalat til forrett.
Erling: Skål alle sammen og velkommen til bords!
Alle: Skål!

Gerda:	Mm, det er sjelden vi får så fin mat.
Wilhelm:	Ja, dette ser fantastisk lekkert ut.

Gerda:	Det smakte virkelig godt, Turid. Det er ikke hver dag at vi spiser skalldyr. Vi har verken krabber eller reker i Sveits, vet du, alt må importeres.
Turid:	Det var hyggelig at det smakte. Hvis alle er ferdige, tror jeg vi serverer hovedretten.
Gerda:	Kan jeg hjelpe med noe?
Turid:	Nei takk, alt er klart. Det er bare å bære inn maten.

Gerda:	Hva heter denne retten?
Turid:	Det er som du ser, en gryterett, men den blir merkelig nok kalt "Sjømannsbiff".
Gerda:	Hva består den av?
Turid:	Hovedingrediensene er kjøtt, løk, poteter og krydder.
Gerda:	Kan jeg få oppskriften eller er det en "yrkeshemmelighet"?
Turid:	Nei på ingen måte, selvsagt kan du få oppskriften. Først skjæres løk og poteter i skiver, og deretter brunes kjøttstykkene i ei stekepanne.
Gerda:	Hva slags kjøtt bruker du?
Turid:	Både okse, elg og reinsdyr kan brukes. Men jeg bruker nesten alltid okse, og det er nok det vanligste. Kjøttet må ikke stekes for lenge. Det skal bare raskt brunes og så krydres.
Gerda:	Med hva slags krydder?
Turid:	Det er en smakssak, men salt og pepper er selvsagt nødvendig.
Gerda:	Du bruner ikke løken sammen med kjøttet?
Turid:	Nei, løken brunes for seg etterpå, men i samme panne som kjøttet.
Gerda:	Men til slutt blir vel alle ingrediensene kokt i samme gryte?

Turid:	Ja, du kan godt koke retten under lokk på svak varme på plate, men jeg foretrekker å ha den i ildfast form i stekeovnen.
Gerda:	Det høres greit ut.
Turid:	Jeg legger kjøtt, poteter og løk lagvis med potetene øverst i forma, og så koker jeg stekepanna ut med buljong og heller sjyen over.
Gerda:	Kan man bruke noe annet enn buljong?
Turid:	Ja, vann og øl blir også brukt.
Gerda:	Hvor lenge skal retten stå i stekeovnen?
Turid:	Den må stå og koke ved 200° i en times tid. Og når den er ferdig, smakes den til med krydder, og til slutt strør man persille over som pynt.
Wilhelm:	Ja, dette var nydelig mat. Skål for Turid og koke- kunstene hennes!
Turid:	Det var hyggelig å høre at dere likte maten. Nå må dere bare spise, det er mer på kjøkkenet.
Wilhelm:	Tusen takk, men jeg er virkelig godt forsynt.
Turid:	Men litt is med jordbær klarer dere vel?
Gerda:	Ja takk, det skulle smake godt. Ingenting er så godt som norske jordbær.
Turid:	Vi har fått dem av Heidi og Finn. De har plukket dem selv i hagen sin.
Turid:	Hvis alle er forsynte nå, så tror jeg vi går fra bordet.
W./G./E.:	Tusen takk for maten.
Turid:	Velbekomme.

Senere på kvelden

Wilhelm:	Tusen takk for oss.
Gerda:	Ja, dette var virkelig hyggelig.
Turid:	Det er vi som skal takke.
Erling:	Er dere sikre på at jeg ikke skal ringe etter ei drosje til dere?

170

Wilhelm: Ja, vi har bare godt av å gå. Det er jo ikke langt.
Erling: Da må dere ha det bra.
Gerda: Adjø da, håper at vi kan treffes snart igjen.
Turid: God natt, og vel hjem. Hils de andre fra oss.
Wilhelm: Det skal vi gjøre.

B Sprachmustertexte

1. A: Hva skal vi ha til middag?
   B: Vi skal ha lutefisk (*pølser og potetmos/stekt sei/pannekaker*).

2. A: Det høres (*ser*) virkelig (*fantastisk/utrolig*) godt ut.
   B: Det var (veldig) hyggelig å høre.

3. A: Hva lages denne retten av?/ Hva blir denne retten laget av?
   B: Den lages av kjøtt, løk og poteter./ Den blir laget av kjøtt, løk og poteter.

4. A: Hvor lenge stekes (*kokes*) kjøttet?/ Hvor lenge blir kjøttet stekt (*kokt*)?
   B: Det stekes (*kokes*) i 15 (*45*) minutter./ Det blir stekt (*kokt*) i 15 (*45*) minutter.

5: A: (Tusen) takk for maten.
   B: Velbekomme.

6. A: Jeg (*vi*) må dessverre gå nå./ Tusen takk for meg (*oss*).
   Håper at vi (kan) treffes snart igjen.
   B: God natt (da)./ Takk for besøket./ Vel hjem.

C Übungstext

Da maten var klar, satte alle seg
til bords.
Turid hadde laget en skalldyrsalat
til forrett, og Gerda syntes den
smakte virkelig godt. Det var ikke
hver dag at Gerda og Wilhelm
spiste skalldyr, for de må importeres
til Sveits.
Til hovedrett ble det servert en
gryterett som kalles "Sjømannsbiff".
Turid gav Gerda oppskriften. Det
var viktig at kjøttet ikke ble stekt
for lenge. Det skulle bare raskt
brunes og så krydres.
Desserten bestod av is og jordbær
som Heidi og Finn hadde plukket
i hagen sin.
Da alle var forsynte, takket de for
maten og gikk fra bordet.

Da maten var klar, ... alle seg
til bords.
Turid hadde ..... en skalldyrsalat
til forrett, og Gerda ...... den
smakte virkelig godt. Det var ikke
hver dag at Gerda og Wilhelm
...... skalldyr, for de må ....
til Sveits.
Til hovedrett ... det servert en
gryterett som ...... "Sjømannsbiff".
Turid gav Gerda .... Det
var ...... at kjøttet ikke ble .....
for lenge. Det skulle bare raskt
...... og så krydres.
Desserten ...... av is og jordbær
som Heidi og Finn hadde ....
i hagen ....
Da alle var ...., takket de for
maten og .... fra bordet.

D Vokabelliste

Substantiv

(skalldyr)salat /en	(Schalentier)salat	(yrkes)hemmelig-	(Berufs)geheim-
krabbe /a	Krebs	het /en	nis
reke /a	Krabbe	skive /a	Scheibe
gryterett /en	Eintopfgericht	smør /et	Butter
"Sjømannsbiff"	norwegisches	stekepanne /a	Bratpfanne
	Eintopfgericht	okse /en	Rind
(hoved)ingre-	(Haupt)zutat	reinsdyr /et	Rentier
diens /en		smakssak /en	Geschmackssache
krydder /et	Gewürz	salt /et	Salz
oppskrift /en	Rezept	pepper /et	Pfeffer

gryte /a	Kochtopf	foretrekke	vorziehen
lokk /et	Deckel	smake til	abschmecken
varme /en	Wärme/Hitze	helle	gießen
plate /a	(Herd)platte	strø	streuen
form /a	Form		
stekeovn /en	Backofen		
buljong /en	Bouillon	*Adjektiv*	
sjy /en	Fleischsaft		
persille /en	Petersilie	klar	fertig
pynt /en	Dekoration	enkel	einfach
kokekunst /en	Kochkunst	lekker	lecker
lutefisk /en	gelaugter Stock-	nydelig	lecker
	fisch	svak	schwach
pølse /a	Wurst	ildfast	feuerfest
potetmos /en	Kartoffelpüree	sjelden	selten
sei /en	Seelachs		
pannekake /a	Pfannkuchen		
væske /a	Flüssigkeit	*Adverb*	

		lagvis	schichtweise
Verb		deretter	danach

importere	importieren		
servere	servieren	*Konjunksjoner*	
bære	tragen		
kalle	nennen	verken...eller	weder...noch
skjære	schneiden		
brune	bräunen		
steke	braten	*Interjeksjoner*	
krydre	würzen		
koke	kochen	Skål!	Prost!

Alt er klart.	Alles ist fertig.
vil du være så snill	bitte
Velkommen til bords.	Darf ich zu Tisch bitten!/Guten Appetit!
på ingen måte	keineswegs
under lokk på svak varme	mit geschlossenem Topf bei schwacher Hitze
smakes til	abschmecken
Jeg er godt forsynt.	Danke, ich bin satt.
Velbekomme!	„Wohl bekomm's!"
ringe etter ei drosje	ein Taxi bestellen
Vi har bare godt av å gå.	Es tut uns gut, zu gehen.
Vel hjem.	Komm(t) gut nach Hause.

E Grammatik

§ 62 Passiv

1. Kjøttet *kokes* i en time.	Das Fleisch *wird* eine Stunde *gekocht.*
2. Kjøttet *blir kokt* i en time.	Das Fleisch *wird* eine Stunde *gekocht.*
3. Kjøttet *ble kokt* i en time.	Das Fleisch *wurde* eine Stunde *gekocht.*
4. Kjøttet *skal kokes* i en time.	Das Fleisch *soll* eine Stunde *gekocht werden.*

- Es gibt zwei Möglichkeiten das Passiv zu bilden:
  entweder durch ein *s-Verb* (Beispiel 1)
  oder (und gebräuchlicher) durch das Hilfsverb *bli* + Partizip Perfekt.
  (Beispiel 2)

- Bei den Vergangenheitsformen wird fast ausschließlich die
  Umschreibung mit *bli* benutzt. (Beispiel 3)
  → *Praktische Grammatik der norwegischen Sprache* §165

- Nach den modalen Hilfsverben wird häufig die *s-Form* benutzt. (Beisp. 4).
  → *Praktische Grammatik der norwegischen Sprache* §166

F Übungen

1. Spørsmål til hovedteksten:

a) Hvor skal Gerda og Wilhelm sitte?
b) Hva har Turid laget til forrett?
c) Hvorfor spiser Gerda og Wilhelm så sjelden skalldyr?
d) Hva heter hovedretten?
e) Hva består den av?
f) Hva slags kjøtt bruker Turid?
g) Hvor lenge skal retten stå i ovnen?
h) Hva spiser de til dessert?
i) Hvor har de fått jordbærne fra?
j) Hvordan skal Gerda og Wilhelm komme hjem?

2. Skriv ferdig dialogen og øv den:

A: Vil du være så snill og sette deg til bords.
B: ....?
A: Du kan sitte der borte ved veggen.
B: .... ?
A: Den kalles Sjømannsbiff.
B: .... ?
A: Det var hyggelig at du likte maten. Nå må du bare spise.
B: .... ?
A: Hvis du er forsynt, tror jeg vi går fra bordet.
B: .... ?
A: Velbekomme.

3. "Sjømannsbiff"

a) Les oppskriften høyt.

b) Skriv oppskriften på ny, men med s-passiv.
   Kjøttskivene brunes ... osv.

c) Skriv oppskriften på ny, men med presens.
   Man bruner kjøttskivene ... osv.

Sjømannsbiff

4 porsjoner
Koketid 45 - 60 minutter

Lages av okse, elg eller reinsdyr

8 skiver kjøtt
2 ss smør eller margarin
salt, pepper
3-4 gule løk i skiver
8-10 poteter i skiver
ca 5 dl vann, buljong eller pils

Brun kjøttskivene på begge sider i en del av smøret.
Krydre. Brun løken i resten av smøret.

Legg kjøttet, poteter og løk i ei ildfast form eller gryte,
med poteter øverst. Salt. Kok ut stekepanna og hell
sjyen over biffen. La retten koke under lokk på svak
varme på plate eller i ovn (ved ca. 200 °). Smak til.

Strø eventuelt med persille før retten serveres.

---

4. Sett inn verb i preteritum:

være / sette	Da alt .... klart, ... de seg til bords.
spørre / skulle	Wilhelm .... hvor han og Gerda .... sitte,
kunne / ville	og de .... sitte hvor de ....
håpe / skåle	Turid .... at maten ville smake, og Erling ....
smake	med alle. Forretten .... veldig godt, og da alle
være / bære	.... ferdige, ... Turid inn hovedretten.
hete / bestå	Den .... Sjømannsbiff og .... av kjøtt, løk
spørre / kunne	poteter og krydder. Gerda .... om hun ....
fortelle	få oppskriften og Turid .... hvordan retten lages.
takke / gå	Da de hadde spist, ... alle for maten og .... fra bordet.

5. Skriv ferdig setningene. Bruk passiv:

Eks.: Når Wilhelm og Gerda kommer til Kragerø, de - alltid - møte - av Finn.
Når Wilhelm og Gerda kommer til Kragerø, blir de alltid møtt av Finn.

De-hente-på-stasjonen-, og-kjøre-hjem-til-Heidi-og-Finn-etterpå

....

Der-de-ønske-velkommen-til-bords-av-Heidi.

....

Etter at de har spist, hente-pakkene

....

Barnebarna får mange pakker, og-Gerda-erte-av-Wilhelm.

....

Han synes at-barnebarna-skjemme-bort-av-Gerda.

....

6. Et brev.

En venn av deg har bedt om å få en matoppskrift. Han/hun bor i en annen by,
så du skriver til ham/henne og forteller hvordan yndlingsretten lages.

7. Rollespill: Et privat besøk

Du er på besøk hos en venn som det er lenge siden du har sett.
Du hilser på, takker for invitasjonen, henger av deg ytterklærne, gir vennen
din en presang, spør om du kan hjelpe, snakker om leiligheten, blir bedt om å
sette deg til bords, spør om hvor du skal sitte, roser (=loben) maten, skåler,
spør om du kan få oppskriften, sier du er forsynt, takker for maten, sier adjø.

Lektion 19 PÅ SUPERMARKED

A Haupttext

I bilen

Sabine:	Når er vi framme i Bodø?
Jens:	Jeg tror vi kommer fram om en halv times tid.
Karin:	Vent litt så skal jeg stoppe og spørre den mannen som går der borte.

Karin:	Unnskyld, men vet du om det er langt igjen til Bodø?
Mannen:	Det er litt over tre mil.
Karin:	Fins det et sted i nærheten hvor vi kan kjøpe matvarer?
Mannen:	Ved innkjørselen til Bodø er det et stort supermarked. De har ofte mange gode tilbud der.
Karin:	Tusen takk for hjelpen.

Jens:	Da stopper vi der og handler inn.
Thomas:	Skal vi bo på campinghytte og lage mat selv i Bodø også?
Jens:	Ja, jeg har allerede ringt og bestilt hytte til oss.
Sabine:	Jeg synes det er morsommere å bo på hotell. Da slipper vi å vaske opp også.
Thomas:	Det hotellet vi bodde på i Oslo var veldig fint.
Sabine:	Men hotellet i Trondheim var finest.
Karin:	Trondheim var i det hele tatt en veldig fin by. Jeg er spent på hvordan Bodø er.
Jens:	Jeg håper iallfall at vi får oppleve midnattssola.

På supermarked

Sabine: Hva skal vi ha, mamma?
Karin: Jeg har laget en innkjøpsliste. Vi trenger grønnsaker,
         egg, margarin, sukker, syltetøy og kanskje litt ost.
Jens: Må vi ikke kjøpe middagsmat også?

Karin: Jo, det er sant. Hva har dere lyst på?
Sabine: Kan vi ikke ha kylling?
Thomas: Jeg vil helst ha pølser.
Jens: Da kjøper vi både kylling og pølser, så kan vi grille
         dem.
Thomas: Supert!
Karin: Hvis du Jens kjøper grønnsaker, så kan jeg gå til oste-
         disken imens.

Sabine:	Men hva skal Thomas og jeg gjøre?
Karin:	Dere kan begynne å kjøpe de andre tingene som står på huskelista.
Jens:	Hva slags grønnsaker skal vi ha?
Karin:	Kjøp en halv agurk, et salathode og noen tomater!

En ekspeditør:	Vær så god, hva skal det være?
Karin:	Jeg vil gjerne ha en god gulost.
Ekspeditøren:	Norvegia er på tilbud i dag. Ellers har vi en meget god Jarlsberg.
Karin:	Da tar jeg et stykke Jarlsberg, takk.
Ekspeditøren:	Hvor stort skal det være?
Karin:	Ikke så veldig stort.
Ekspeditøren:	Er dette stort nok?
Karin:	Ja, det er passe.
Ekspeditøren:	Var det noe mer da?
Karin:	Nei takk, det var alt.

Jens:	Hvor finner jeg grønnsakene?
Ekspeditøren:	Grønnsaksavdelingen er innerst i lokalet. Du ser den så vidt helt nederst der borte.
Jens:	Der borte ved det store vinduet?
Ekspeditøren:	Nei, enda lenger bort. Hvis du går bak de høye bruskassestablene der, får du øye på grønnsakene med en gang.
Thomas:	Unnskyld, vi skulle kjøpe syltetøy, men vi vet ikke hvor det står.
Ekspeditøren:	Alle matvarer på glass har vi samlet i egen reol, og syltetøyet står øverst.
Sabine:	Men hvor finner vi reolen?
Ekspeditøren:	Det er den midterste til høyre der borte.
Karin:	Sånn, nå tror jeg vi har alt sammen.
Thomas:	Kan vi ikke få noe å spise med en gang? Jeg er både sulten og tørst.

I kassa

Karin: Kan jeg få tre bæreposer, takk.
Ekspeditøren: Gjerne, da blir det 398 kroner til sammen.
Karin: Vær så god, her er 400 kroner.
Ekspeditøren: Takk, to kroner tilbake.

B Sprachmustertexte

1. A: (Unnskyld, men) hvor langt er det (fra Oslo) til Lillehammer?
   B: (Det er) ca (*omtrent/litt over/ i overkant av*) tjue kilometer (*to mil*)./
      (Det er) noen og tjue (*et par og tjue*) kilometer.

2. A: Hva veier den løken (*agurken/blomkålen/osten/pølsa*)?
   B: (Den veier) omtrent to hekto (*to hundre gram/et kvart kilo*)./
      (Den veier) nesten (*i underkant av/snaut/nærmere*) tre kvart/
      en halv/en og en halv/halvannen) kilo.

3. A: Hvor mye melk må vi kjøpe?
   B: (Vi må kjøpe) to liter helmelk, en liter lettmelk og en halv liter
      skummet (melk).

4. A: Er dette stykket passe (*stort nok/for lite*)?
   B: Nei, det er altfor stort. Jeg trenger ikke mer enn halvparten
      (*en tredjedel/en fjerdedel*) av det.

5. A: (Unnskyld), hvor finner jeg osten (*kjøttvarene/appelsinene/
      pærene/bananene/frukten/grønnsakene*)?
   B: Ostedisken (*kjøttdisken/avdelingen for frukt og grønnsaker*)
      ligger foran (*midt/bak*) i lokalet/bakerst (*innerst/fremst*) i
      lokalet/i bakre (*midterste/fremre*) del av lokalet.

6. A: Jeg kan ikke finne salaten (*syltetøyet/rosinene/sviskene/smøret/
      tomatene/potetene*)?
   B: Du finner den (*det/de*) nederst (*midt/øverst*) i hylla rett foran
      (*bak*) deg./
      Du finner den (*det/de*) i nedre (*midtre/øverste*) del av reolen til
      høyre (*venstre*) for deg.

C Übungstext

Da Jens, Karin og barna kom til
Bodø, måtte de handle mat der.
Heldigvis lå det et stort super-
marked ved innkjørselen til byen.

Karin hadde laget innkjøpsliste.
De trengte grønnsaker, egg, marga-
rin, sukker, syltetøy og litt ost.
De måtte kjøpe middagsmat også,
og de ble enige om å kjøpe kylling
og pølser, som de ville grille.

Mens Jens kjøpte grønnsaker, gikk
Karin for å kjøpe ost.
Thomas og Sabine skulle kjøpe
syltetøy.

De visste ikke hvor de forskjellige
matvarene var, men etter en stund
hadde de funnet alt sammen.
Grønnsaksavdelingen lå helt innerst
i lokalet, og syltetøyet øverst i den
midterste reolen.
Da de var ferdige med å handle,
betalte Karin. Det kostet kr. 398 [1]
til sammen.

Da Jens, Karin og ..... kom til
Bodø, måtte de ...... mat der.
.... lå det et stort super-
marked ... innkjørselen ... byen.

Karin hadde..... innkjøpsliste.
De .... grønnsaker, egg, marga-
rin, sukker, ... og litt ost.
De måtte ..... middagsmat også,
og de ... enige .. å kjøpe kylling
og pølser, som de ville ....

.... Jens kjøpte grønnsaker, gikk
Karin ... å kjøpe ost.
Thomas og Sabine ...... kjøpe
syltetøy.

De ...... ikke hvor de forskjellige
.... var, men etter en .....
hadde de funnet alt ....
Grønnsaksavdelingen .. helt innerst
i ...... , og syltetøyet ...... i den
midterste reolen.
Da de var ferdige ... å handle,
betalte Karin. Det ...... kr. 398
til sammen.

[1] Beachten Sie, dass die Abkürzung *kr.* immer *kroner* heißt und hinter der
Zahl ausgesprochen wird: *kr. 398 - trehundreognittiåtte kroner*

D Vokabelliste

Substantiv

matvarer	Lebensmittel	tredjedel /en	Drittel
innkjørsel /en	Einfahrt	fjerdedel /en	Viertel
tilbud /et	Sonderangebot	kjøttvarer Pl.	Fleischwaren
midnattssol /a	Mitternachts-	mil /a	Meile (10 km)
	sonne	gram /-met	Gramm
innkjøpsliste /a	Einkaufsliste	hekto(gram)	Hektogramm
huskeliste /a	Merkzettel	kilo /et	Kilo
grønnsaker	Gemüse	appelsin /en	Apfelsine
egg /et	Ei	pære /a	Birne
margarin /en	Margarine	banan /en	Banane
sukker /et	Zucker	rosin /en	Rosine
syltetøy /et	Marmelade	sviske /a	Zwetschge
middagsmat/ en	Mittagessen	del /en	Teil
kylling /en	Hähnchen		
ostedisk /en	Käsetheke		
agurk /en	Gurke		
salathode /et	Salatkopf		
tomat /en	Tomate	*Verb*	
ekspeditør /en	Verkäufer/-in		
gulost /en	Butterkäse	handle inn	einkaufen
(grønnsak)-	(Gemüse)-	vaske opp	spülen
avdeling /en	abteilung	grille	grillen
lokal /et	(Geschäfts)raum	samle hier:	zusammenstellen
bruskassestabel /en	Stapel mit		
	Sprudelkästen		
reol /en	Regal		
kasse /a	Kasse		
bærepose /en	Tragetasche	*Adverb*	
blomkål /en	Blumenkohl		
liter /en	Liter	såvidt	gerade noch
helmelk /a	Vollmilch	sånn	so
lettmelk /a	halbfette Milch	ca (cirka)	cirka
skummet melk	Magermilch	omtrent	ungefähr
halvpart /en	Hälfte	snaut	knapp, gerade

184

Vi kommer fram om en halv times tid.	Wir kommen in etwa einer halben Stunde an.
Er det langt igjen?	Ist es noch weit?
i det hele tatt	überhaupt
Jeg er spent på hvordan ...	Ich bin gespannt, wie ...
Hva skal det være?	Was darf es sein?
Hvor stort skal det være?	Wie groß darf es sein?
Var det noe mer da?	Sonst noch etwas?
få øye på	entdecken
Jeg er både sulten og tørst.	Ich habe Hunger und Durst.
i kassa	an der Kasse
i overkant av	etwas mehr als
i underkant av	etwas weniger als
noen og tjue (et par og tjue)	etwas über zwanzig
en halv	ein halb
en og en halv (halvannen)	eineinhalb (anderthalb)
et kvart	ein viertel

E Grammatik

§ 63   Adjektive ohne Positivform

Adverb		Adjektiv		Adjektiv /	Adverb
bak	(hinten)	bakre	(hintere)	bakerst	(hinterste)
borte	(fort, hin)	bortre	(fernere)	borterst	(fernste)
fremme	(vorn)	fremre	(vordere)	fremst	(vorderste)
ute	(außen)	ytre	(äußere)	ytterst	(äußerste)
over	(oben)	øvre	(obere)	øverst	(oberste)
nede	(unten)	nedre	(untere)	nederst	(unterste)
midt	(mitten)	midtre	(mittlere)	midterst	(mittelste)

- Einige Adjektive haben keine Positivform, sondern entsprechende Adverbien.

→ *Praktische Grammatik der norwegischen Sprache* §47.5

§ 64 Absoluter Superlativ

> 1. Jeg har tre sønner. Harald er den *eldste.*
>   Ich habe drei Söhne. Harald ist der älteste.
>
> 2. Jeg har to sønner. Harald er den *eldste.*
>   Ich habe zwei Söhne. Harald ist der ältere.
>
> • Der Superlativ wird im Norwegischen auch dann gebraucht, wenn nur zwei Personen oder Gegenstände miteinander verglichen werden.
>
> → *Praktische Grammatik der norwegischen Sprache* §52

§ 65 Brüche

1/2	-	en halv
1/3	-	en tredjedel / tredel
2/3	-	to tredjedeler / tredeler
1/4	-	en fjerdedel / firedeler
1/5	-	en femtedel / femdel usw.
1 1/2	-	halvannen / en og en halv

→ *Praktische Grammatik der norwegischen Sprache* §58

F Übungen

1. Spørsmål til hovedteksten:

a) Hvilken by er Karin, Jens og barna kommet til?
b) Hvor ligger den i Norge?
c) Skal de bo på hotell der?
d) Hvorfor vil Sabine heller bo på hotell?
e) Hva håper Jens at han får se i Bodø?
f) Hva skal de kjøpe inn i Bodø?
g) Hvor ligger nærmeste supermarked?
h) Hva vil barna spise til middag?
i) Hva slags ost kjøper Karin?
j) Hvor ligger grønnsaksavdelingen?
k) Hva skal Thomas og Sabine kjøpe?
l) Hvor mye koster alt til sammen?

2. Se på tabellen under og lag dialoger:

Eksempel: A: Hvor langt er det fra Bodø til Narvik?
              B: Jeg tror det er i underkant av 300 km./Det er 296 km.

	Bergen	Bodø	Hammer-fest	Kristian-sand	Oslo	Tromsø	Trond-heim
Bergen	-	1.420	2.256	398	484	1.751	682
Bodø	1.420	-	953	1.611	1.277	556	738
Hammerfest	2.256	953	-	2.447	2.113	442	1.574
Kristiansand	398	1.611	2.447	-	328	2.042	873
Oslo	484	2.113	2.113	328	-	1.708	539
Tromsø	1.751	556	442	2.042	1.708	-	1.169
Trondheim	682	738	1.574	873	539	1.169	-

3 a) Se på huskelista. Gjør ferdig dialogen og øv den:

A: Hva skal det være?
B: Jeg vil gjerne ha en halv kilo tomater.
A: Skal det være noe annet?
B: .... , ... og
   ....
A: Ellers noe?
B: .... , ... ,
   .... og ....
A: Var det alt?
B: Ja, takk.

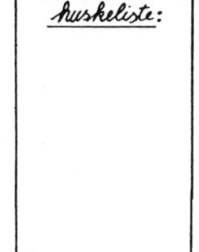

huskeliste:
½ kilo tomater
½ agurk
¼ kilo sukker
12 egg
250 g rosiner
2 dl fløte
½ l melk

3 b) Skriv ei huskeliste. Gjør ferdig dialogen og øv den:

A: Hva skal det være?
B: Jeg vil gjerne ha .... osv.

huskeliste:

187

4 a) Øv dialogen:

    A: Unnskyld, hvor finner jeg eplene?
    B: Fruktavdelingen ligger bak i lokalet.

  b) Bytt ut *eplene* med *appelsinene, pærene, bananene* og
     bak med *bakerst, midt i, foran* og øv dialogene.

5 a) Øv dialogen:

    A: Er du snart ferdig med å handle?
    B: Jeg er ikke ferdig med mer enn ca halvparten, kan jeg tenke meg.

  b) Bytt ut *halvparten* med *1/3, 2/3, 3/4, 1/5* og øv de nye dialogene.

6.   Se på tegningen og fyll ut dialogen med riktig form av
    tung - høy - liten - lett - gammel - ung:

    A: Hvem er .... av Ole og Viggo?
    B: Ole (Viggo) er den ..../Viggo (Ole) er .... enn Ole (Viggo).

Ole
175 cm
100 kg
37 år

Viggo
196 cm
72 kg
18 år

7. Se på tegningen og lag spørsmål og svar:

Eksempel: A: Hvor finner jeg blomkålen?
             B: I øverste hylle til høyre.

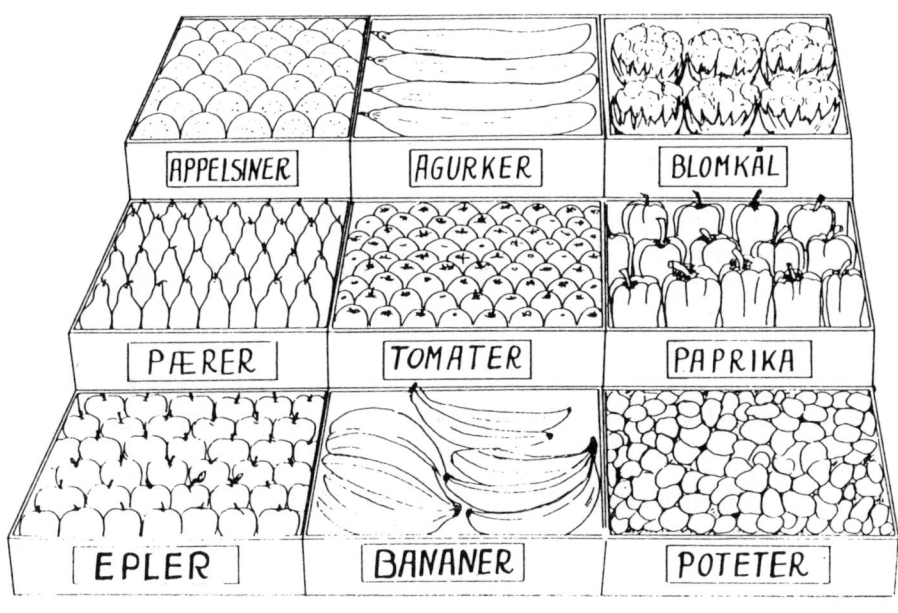

8. Rollespill: På supermarked

Du er på et supermarked for å handle. Du må spørre for å finne de
forskjellige matvarene, og du spør om de har noen gode tilbud også.
Til slutt betaler du og går.

Lektion 20 HOS LEGEN

A Haupttext

Utenfor supermarkedet

Karin:	Ikke balanser på den muren, Thomas, du kan ...
Thomas:	Hjelp, jeg ramler ned.
Karin:	Det var det jeg var redd for.
Jens:	Slo du deg?
Thomas:	Au, det gjør så vondt i den høyre armen min.
Karin:	Jeg tror du kanskje har brukket den. Vi må ringe til en lege med en gang.
Sabine:	Typisk Thomas! Der er ingen som finner på så mye tull som han.
Jens:	Hvor kan jeg få tak i en lege?
Mannen:	Hvis det er noe akutt, er det best å ringe til legevakten.
Jens:	Men hvor kan jeg ringe fra?
Mannen:	Det står en telefonkiosk rett rundt hjørnet.

I telefonkiosken

NN:	Bodø legevakt.
Jens:	Ja hallo, sønnen min har falt og slått seg, og vi tror at han kanskje har brukket armen, og vi ...
NN:	Kan du snakke litt langsommere? Jeg forstår ikke hva du sier.
Jens:	Jeg tror sønnen min har brukket armen.
NN:	Kan du komme hit med ham eller skal vi sende en sykebil?
Jens:	Vi kommer med en gang.

På legevakten

Legen:	Vær så god, nå er det din tur.
Thomas:	Takk.
Legen:	Nå, hva er det som feiler deg, gutten min?
Thomas:	Mamma tror at jeg har brukket armen min.
Legen:	Hvordan skjedde det?
Karin:	Han balanserte på en høy mur og plutselig ramlet han ned.
Legen:	Kan du ta av ham på overkroppen?
Karin:	Ja, jeg skal forsøke.
Thomas:	Au, vær forsiktig.
Legen:	Gjør det vondt når jeg tar der?
Thomas:	Nei.
Legen:	Der da?
Thomas:	Ja, det gjør veldig vondt.
Legen:	Klarer du å løfte armen opp i lufta?
Thomas:	Ja, det gjør jeg?
Legen:	Kan du bevege den frem og tilbake også?
Thomas:	Ja, det kan jeg, men det gjør fryktelig vondt.
Karin:	Er det noe alvorlig?

Legen:	Nei, jeg tror ikke at han har brukket armen selv om han har slått seg kraftig.
Karin:	Det var da enda godt.
Legen:	Han må holde armen helt i ro i noen dager.
Karin:	Det var det jeg var redd for. Det blir ikke lett nå som vi er på ferie.
Legen:	For sikkerhets skyld skal vi ta et røntgenbilde av armen hans også.
Thomas:	Kommer det til å gjøre vondt?
Legen:	Nei, det er ikke noe farlig. Du kommer ikke til å kjenne noen ting.

Etterpå

Legen:	Det var det jeg trodde. Armen er ikke brukket.
Karin:	Er du helt sikker?
Legen:	Ja, jeg kan ikke se noe galt på røntgenbildet.
Karin:	Ingenting?
Legen:	Nei, jeg kan ikke se noen ting. Den ser helt fin ut.

Utenfor legevakten

Karin:	Gudskjelov! Du har hatt flaks denne gangen også, Thomas. Nå har du sannelig mye å fortelle om når du kommer hjem.
Sabine:	Det er ingen som har så mye flaks som han.
Jens:	Han trenger mye flaks også, så vill som han er.
Karin:	Men nå må du ta det helt med ro noen dager, så armen kan bli god igjen.

B Sprachmustertexte

1. A: Hva er i veien?
   B: Jeg føler meg syk (*uvel/kvalm/svimmel/ikke frisk*).

2. A: Hva er det som feiler deg?
   B: Jeg (tror jeg) har (fått) influensa (*en matforgiftning/ lungebetennelse/ørebetennelse*)./ Jeg har feber (*diaré/hodepine*).

3. A: Hvor gjør det vondt?/ Hvor har du smerter?
   B: (Det gjør vondt) i hodet (*øret/halsen/brystet/ryggen/magen/beinet*).

4. A: Er det noe alvorlig?
   B: Nei, det kommer til å gå fort over./ Nei, det er bare en kraftig forkjølelse./ Nei, men du må holde senga noen dager.

5. A: Er jeg alvorlig syk?
   B: Ja, jeg må legge deg inn på sykehus./ Ja, jeg må gi deg ei sprøyte./ Ja, du må straks opereres.

6. A: Kan du ta av deg klærne på overkroppen?/ Kan du legge deg ned på benken der?
   B: Jeg skal forsøke.

7. A: Jeg skal skrive ut en resept til deg. Du må ta disse tablettene (*dråpene*) to ganger daglig.
   B: Takk, jeg føler meg (mye) bedre allerede.

C Übungstext

Utenfor supermarkedet var en høy mur, og Thomas balanserte på den. Plutselig falt han ned og slo armen sin kraftig. Karin mente at han kanskje hadde brukket den, og etter at Jens hadde ringt til legevakten, dro de dit med en gang. Da det ble Thomas tur, spurte legen om hva som feilte ham, og Karin fortalte hva som hadde skjedd. Thomas måtte ta av seg på overkroppen, og legen undersøkte ham. Han klarte både å løfte armen opp i lufta og å bevege den frem og tilbake, så legen trodde ikke den var brukket.
For sikkerhets skyld tok legen et røntgenbilde av armen, og han kunne ikke se noe galt på bildet. Thomas hadde hatt flaks denne gangen også, selv om han ikke var glad for at han måtte ta det helt med ro i noen dager.

Utenfor supermarkedet var en ... mur, og Thomas .... på den. Plutselig falt han ... og slo armen sin .... Karin mente at han kanskje hadde .... den, og ..... at Jens hadde ringt til legevakten, dro de dit med en ..... Da det ble Thomas ... , spurte legen om hva som ...... ham, og Karin fortalte hva ... hadde skjedd. Thomas måtte ta av ... på overkroppen, og legen undersøkte ... . Han klarte .... å løfte armen opp i lufta og å bevege den .... og ...... , så legen trodde ikke den var brukket.
For sikkerhets ..... tok legen et .... av armen, og han kunne ikke se noe .... på bildet. Thomas hadde hatt ..... denne gangen også, selv om han ikke var glad ... at han måtte ta det helt ... ro i noen dager.

194

D Vokabelliste

Substantiv

lege /en	Arzt, Ärztin
mur /en	Mauer
tull /et	Unsinn, Quatsch
telefonkiosk /en	Telefonzelle
hjørne /et	Ecke
sykebil /en	Krankenwagen
overkropp /en	Oberkörper
arm /en	Arm
røntgenbilde /et	Röntgenbild
influensa /en	Grippe
matforgiftning /en	Lebensmittelvergiftung
lungebetennelse /en	Lungenentzündung
ørebetennelse /en	Mittelohrentzündung
feber /en	Fieber
diaré /en	Durchfall
hodepine /en	Kopfschmerzen
smerte /en	Schmerz
hode /et	Kopf
øre /et	Ohr
hals /en	Hals
bryst /et	Brust
rygg /en	Rücken
mage /en	Magen, Bauch
bein /et	Bein
forkjølelse /en	Erkältung
sykehus /et	Krankenhaus
sprøyte /a	Spritze
benk /en	Bank
resept /en	Rezept
tablett /en	Tablette
dråpe /en	Tropfen
lår /et	Oberschenkel
legg /en	Unterschenkel

Verb

balansere	balancieren
ramle	fallen
brekke	brechen
falle	fallen
forstå	verstehen
skje	geschehen
gjøre vondt	weh tun
klare	schaffen
løfte	heben
bevege	bewegen
kjenne	spüren
operere	operieren
skrive ut	ausstellen

Adjektiv

akutt	akut
langsom	langsam
forsiktig	vorsichtig
kraftig	kräftig
vill	wild
vond	weh
syk	krank
uvel	unwohl
kvalm	übel
svimmel	schwindelig
frisk	gesund

Adverb

plutselig	plötzlich
frem	vor

Interjeksjoner

Au!	Aua!

finne på (så) mye tull	(so) viel Unsinn bauen
få tak i	bekommen, finden
rett rundt hjørnet	gleich um die Ecke
Det er din tur.	Du bist an der Reihe.
ta av seg på overkroppen	den Oberkörper freimachen
løfte opp i lufta	nach oben heben
frem og tilbake	hin und her
nå som vi er på ferie	jetzt wo wir im Urlaub sind
ta et røntgenbilde	röntgen
ikke noen ting / ingenting	nichts
Hva er i veien? / Hva feiler deg?	Was fehlt dir (Ihnen)?
Det går fort over.	Das geht schnell vorüber.
Du må holde senga.	Du musst im Bett bleiben.
legge noen inn på sykehus	jemanden ins Krankenhaus einweisen
to ganger daglig	zweimal täglich

E Grammatik

§ 66 Satzspaltung

1 a)	Jeg sier det.	Ich sage das.	
1 b)	Det er *jeg* som sier det.	*Ich* sage das.	
1 c)	Det er *det* jeg sier.	*Das* sage ich.	
2 a)	Jeg sa det.	Ich habe das gesagt.	
2 b)	Det var *jeg* som sa det.	*Ich* habe das gesagt.	
2 c)	Det var *det* jeg sa.	*Das* habe ich gesagt.	

- Zur Hervorhebung eines Satzgliedes ist im Norwegischen die Satzspaltung sehr gebräuchlich. Das Satzglied, das hervorgehoben werden soll, wird hinter die Konstruktion *Det er / Det var* gestellt. Darauf folgt der ursprüngliche Satz als Nebensatz. (vgl. Sie die Beispielsätze)

→ *Praktische Grammatik der norwegischen Sprache §203*

§ 67 Indefinite Pronomen: *ikke noen (ingen)* - *ikke noe (ingenting)*

1 a)	*Ikke noen (ingen)* lærebøker er morsomme.	Keine Lehrbücher sind lustig.
1 b)	*Ikke noe (ingenting)* er viktig.	Nichts ist wichtig.
2 a)	Jeg kjenner *ikke noen (ingen)* smerter.	Ich spüre keine Schmerzen.
2 b)	Jeg kjenner *ikke noe (ingenting)*.	Ich spüre nichts.
3 a)	Han har *ikke* kjent *noen* smerter.	Er hat keine Schmerzen gespürt.
3 b)	Han har *ikke* kjent *noe*.	Er hat nichts gespürt.
4 a)	Han sier at han *ikke* kjenner *noe*. *(noen smerter)*	Er sagt, dass er nichts spürt. (keine Schmerzen)
4 b)	Han sier at han *ikke* har kjent *noe*. *(noen smerter)*	Er sagt, dass er nichts gespürt hat. (keine Schmerzen)

- Die indefiniten Pronomen *keiner* und *nichts* heißen im Norwegischen *ikke noen* bzw. *ikke noe*. *Ikke noen* bzw. *ikke noe* können nach folgenden Regeln durch *ingen* bzw. *ingenting* ersetzt werden:

1. Wenn *ikke noen* (bzw. *ikke noe*) Subjekt des Satzes ist, kann es immer durch *ingen* (bzw. *ingenting*) ersetzt werden. (1a, 1b)

2. Wenn *ikke noen* und *ikke noe* Objekt sind, können sie nur in Hauptsätzen mit einfachem Prädikat durch *ingen* und *ingenting* ersetzt werden. (2a,2b)

3. In Hauptsätzen mit zusammengesetztem Prädikat (3a, 3b) und in Nebensätzen (4a, 4b) können die Pronomen *ingen* und *ingenting* nicht gebraucht werden.

→ *Praktische Grammatik der norwegischen Sprache* §103

F Übungen

1. Spørsmål til hovedteksten:

a) Hvorfor ramlet Thomas og slo seg?
b) Hvor slo han seg?
c) Hvem ringte Jens til?
d) Hvor ringte han fra?
e) Hvorfor forstod man ikke på legevakten hva Jens sa i telefonen?
f) Ble Thomas hentet av sykebilen?
g) Hva trodde de hadde skjedd?
h) Måtte Thomas ta av seg alle klærne?
i) Klarte Thomas å bevege armen sin?
j) Trodde legen at han hadde brukket armen?
k) Hva gjorde legen for sikkerhets skyld?
l) Hva måtte Thomas gjøre noen dager?

2. Skriv dialogen ferdig og øv den:

A: Vær så god, nå er det din tur.
B: ....
A: Hva er i veien?
B: ....
A: Hvor gjør det vondt?
B: ....
A: Hvor lenge har du hatt smertene?
B: ....
A: Kan du legge deg bort på benken der, så skal jeg undersøke deg.
B: ....
A: Gjør det vondt når jeg tar der?
B: ....
A: Jeg skal gi deg ei sprøyte.
B: ....
A: Ikke så veldig vondt.
B: ....

3. Hvor gjør det vondt?

Se på tegningen og lag dialoger. Bruk utbrytning (Satzspaltung) i svaret.

Eksempel: A: Gjør det vondt i armen?
B: Nei, det er i halsen det gjør vondt.

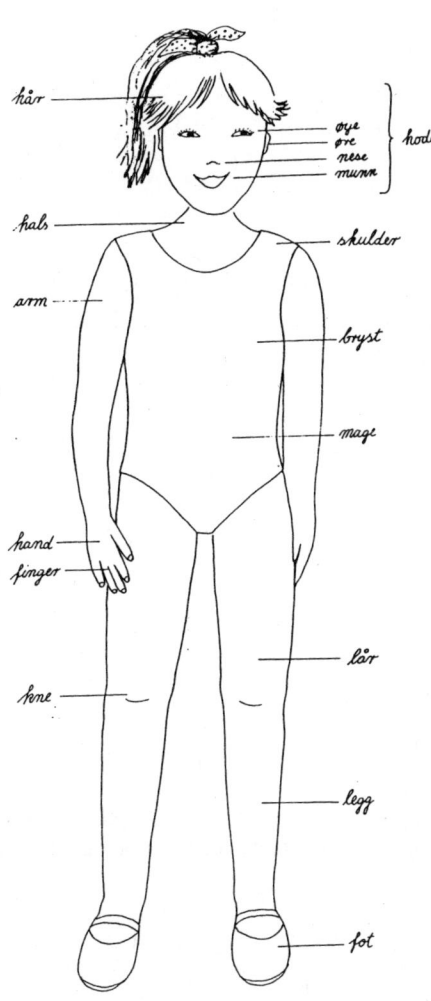

4. *Ikke noen / ikke noe* eller *ingen / ingenting?*

Skriv dialogen ferdig. Sett inn *ingen / ingenting* der det er mulig:

A: Gjør det vondt her?
B: Nei, jeg kjenner ....
A: Har du hatt noen smittsomme sykdommer? (ansteckende Krankheiten)
B: Nei, jeg har ....
A: Da er det nok .... alvorlig.
B: Hva sa du?
A: Jeg sa at det nok .... alvorlig.
B: Da trenger jeg kanskje .... medisin?
A: Nei, du kommer .... til å trenge........................ medisin.

5. Et brev

Karin skriver brev hjem og forteller hva som har skjedd i Bodø.

Kjære mor!   *Bodø, den 31. juli*

Vi er nå kommet til Bodø. Jeg sitter i ei campinghytte og skriver, og selv om det er kveld og klokka er kvart på tolv, er det helt lyst ute.
Vi har det fremdeles bare bra, men i dag hendte det noe som jeg må fortelle om. Thomas ....

Skriv ferdig brevet:

7. Rollespill: Hos legen

Du er hos legen og sier at du føler deg syk og forteller hvor det gjør vondt. Du spør om det er noe alvorlig, om du må holde senga og hvor mange tabletter du må ta.

Lektion 21   EN TELEFONSAMTALE

A Haupttext

På postkontoret

Christian: Unnskyld, kan jeg ringe herfra?

Postfunk-
sjonæren: Ja, det er flere telefonbokser ute i gangen.

Christian: Men jeg skal ringe til Tyskland og vet ikke
retningsnummeret.

Postf.: Det er ikke noe vanskelig. Først slår du 00, som er
fjernvalg til utlandet, og så slår du 49 som er
nummeret til Tyskland.

Christian: Skal jeg slå hele retningsnummeret til Bonn også?

Postf.: Hvis det begynner med en null, må du sløyfe den,
men ellers finner du alle opplysninger du trenger
helt fremst i telefonkatalogen.

I telefonboksen

Christian: La meg nå se. Ja, her står det: Utenlandssamtaler
side 13 til 15. Snakk om flaks! Bonn er brukt som
eksempel! Da er det ikke noe problem. Jeg håper
bare at Norbert er inne...

Norbert:	Hallo, det er Norbert Schultz.
Christian:	Hei Norbert, det er Christian.
Norbert:	Kan du snakke litt høyere, Christian? Jeg skjønner nesten ikke hva du sier.
Christian:	ER FORBINDELSEN DÅRLIG?
Norbert:	Nei, men jeg har stereoanlegget på fullt.
Christian:	SKRU NED LYDEN MED EN GANG! JEG HAR IKKE RÅD TIL Å GJENTA ALT TO GANGER.
Norbert:	Ok, ok, ikke skrik sånn, jeg har gjort det allerede. Hvor ringer du fra?
Christian:	Fra Otta i Gudbrandsdalen.
Norbert:	Otta? Gudbrandsdalen? Hvor i all verden er det?
Christian:	I Norge, din dust!
Norbert:	Ringer du så langveis fra bare for å skjelle meg ut?
Christian:	Nei, tvert imot, jeg ringer for å be om unnskyldning.
Norbert:	Unnskyldning???
Christian:	Ja, vi kan dessverre ikke reise sammen på studietur til England i august.
Norbert:	Hvorfor ikke? Alt er jo planlagt i minste detalj.
Christian:	Jeg er lei for det, men jeg har ombestemt meg. Jeg vil heller bli i Norge.
Norbert:	Det var jammen en skuffelse. Jeg har gledet meg til turen i lange tider allerede.
Christian:	Tror du ikke at du kan finne en annen å reise sammen med?
Norbert:	Jeg får se. Hvorfor vil du absolutt bli i Norge forresten?
Christian:	Egentlig begynte det med at jeg glemte regnfrakken min hjemme i Bonn.
Norbert:	Regnfrakken?
Christian:	Og da jeg skulle kjøpe ny, traff jeg Aud og så ...
Norbert:	Aha, tenkte jeg det ikke! Vil du ha et godt råd fra en lykkelig ungkar? Pakk ryggsekken og forsvinn før det er for sent.

Christian: Jeg er redd for at det er for sent allerede.
Norbert: Er hun i det minste pen?
Christian: Utseende er vel ikke så viktig. Hun er fantastisk grei å være sammen med, humoristisk sans har hun også og stygg er hun heller ikke.
Norbert: Jeg skjønner at jeg ikke kan konkurrere med henne.
Christian: Jeg håper at du ikke er altfor skuffet.
Norbert: Jeg må innrømme at jeg ikke er overlykkelig akkurat, men jeg får forsøke å se positivt på det. Hvis jeg lar regnfrakken min være igjen i Bonn, treffer jeg kanskje Maud fra London på en aller annen pub på landet i England og så ...
Christian: Det er godt å høre at du tar det humoristisk, men nå må jeg legge på, ellers blir det for dyrt. Vi sees i oktober når semesteret begynner.
Norbert: Vær forsiktig så du ikke ender som utslitt småbonde i en eller annen innestengt dal langt nord for polar-sirkelen.
Christian: Jeg er ikke sikker på om det hadde vært så ille, men jeg skal nok passe meg. Ha det godt og hils alle kjente.
Norbert: Ha det.

Etterpå

Aud: Nå, hvordan reagerte han?
Christian: Han sa naturligvis at han var skuffet, men han tok det pent.
Aud: Og hva fortalte du om meg?
Christian: Jeg sa at du var det frekkeste og mest rampete mennesket jeg noen gang hadde møtt, kort sagt at du var helt praktfull.
Aud: Mener du det?
Christian: Iallfall det siste.

B Sprachmustertexte

1. A: Du må virkelig unnskylde./ Jeg beklager (*er lei for det*), men vi kan dessverre ikke reise sammen til Norge. (*Danmark/Sverige*).
   B: Det var en (stor) skuffelse./ Det var synd (*leit/beklagelig/dumt/ ergerlig*)./ Det er jeg (veldig) skuffet over.

2. A: Synes du jeg skal fortsette med å lære norsk?
   B: Hvis jeg var deg, ville jeg (ikke) gjøre det./
   Ja, du burde (absolutt) gjøre det (synes jeg).
   Nei, du burde (absolutt) ikke gjøre det (synes jeg).

3. A: Synes du jeg skal slutte å røyke?
   B: Ja, du burde (absolutt) la det være./
   Ja, etter min mening burde du slutte./
   Vil du ha et godt råd? Slutt med en gang!

4. A: Hvis du skal ringe til Tyskland, må du først slå nummeret for fjernvalg til utlandet.
   B: Unnskyld, det forstod jeg ikke./ Hva betyr fjernvalg?

5. A: Hallo (*morn/hei*) det er Geir Øyvind Aune. Jeg ringer fra Vadsø.
   B: Kan du (være snill å) gjenta det?/
   Kan du (være snill å) snakke litt langsommere?

C Übungstext

Christian studerer ikke bare norsk,
men engelsk også.
Egentlig hadde han planlagt å reise
på studietur til England sammen
med en venn, men da han hadde
truffet Aud, hadde han ikke lyst.
Han ville heller bli i Norge for å
bli bedre kjent med henne.
Derfor måtte han ringe til Norbert
og fortelle ham at han hadde om-
bestemt seg.

Han ringte fra postkontoret og en
postfunksjonær forklarte ham hva
han skulle gjøre. Først måtte han
slå 00, som er fjernvalg, og deretter
49 som er nummeret til Tyskland.

Heldigvis var Norbert inne, men
han skjønte først nesten ikke hva
Christian sa fordi han hadde stereo-
anlegget på. Da han hadde skrudd
ned lyden, fortalte Christian ham
hvorfor han ringte. Norbert ble
selvsagt veldig skuffet, men han
tok det pent.

Christian studerer ikke .... norsk,
men engelsk ....
Egentlig hadde han .... å reise
på studietur til England ......
med en venn, men da han .....
truffet Aud, hadde han ikke .... .
Han ville ...... bli i Norge for å
bli bedre ..... med henne.
Derfor måtte han ringe ... Norbert
og fortelle ham .. han hadde om-
bestemt seg.

Han ringte ... postkontoret og en
postfunksjonær forklarte ham hva
han ..... gjøre. Først måtte han
... 00, som er fjernvalg, og ....
49 som er nummeret ... Tyskland.

Heldigvis var Norbert .... , men
han skjønte først nesten ikke ...
Christian sa fordi han hadde stereo-
anlegget .. . Da han hadde skrudd
... lyden, fortalte Christian ham
.... han ringte. Norbert ble
selvsagt veldig .... , men han
tok det .... .

D Vokabelliste

Substantiv

telefonsamtale /en	Telefongespräch	praktfull	großartig
postfunksjonær /en	Postbeamter	beklagelig	bedauerlich
telefonboks /en	Telefonzelle	humoristisk	humorvoll
retningsnummer /et	Vorwahl	skuffet	enttäuscht
fjernvalg /et	Auslandsvorwahl	positiv	positiv
utland /et	Ausland	rampete	rüpelhaft
opplysning /en	Auskunft, Information	lei	traurig
telefonkatalog /en	Telefonbuch	ergerlig	ärgerlich
utenlandssamtale/en	Auslandsgespräch		
forbindelse /en	Verbindung		
stereoanlegg /et	Stereoanlage		
lyd /en	hier: Ton		
verden /en	Welt	*Verb*	
unnskyldning /en	Entschuldigung		
studietur /en	Studienfahrt	slå	hier: wählen
skuffelse /en	Enttäuschung	bli	hier: bleiben
råd /et	Rat	sløyfe	weglassen
ungkar /en	Junggeselle	skru	drehen
sans /en	Sinn	gjenta	wiederholen
pub /en	Kneipe	skrike	schreien
semester /et	Semester	skjelle ut	ausschimpfen
dal /en	Tal	be	bitten
polarsirkel /en	Polarkreis	ombestemme	anders
kjente Pl.	Bekannte		entschließen
		forsvinne	verschwinden
		konkurrere	konkurrieren
		egge på	auflegen
Adjektiv		ende	enden
		reagere	reagieren
høy	hier: laut	fortsette	weitermachen
stygg	hässlich	slutte	aufhören
(over)lykkelig	(über)glücklich	røyke	rauchen
innestengt	isoliert	bety	bedeuten

206

Uttrykk

Snakk om flaks.	Welch ein Glück.
på fullt	auf voller Lautstärke
din dust	du Trottel
i minste detalj	in allen Einzelheiten
Jeg er lei for det.	Es tut mir leid.
i lange tider	seit langer Zeit
i det minste	wenigstens
humoristisk sans	Sinn für Humor
nord for	nördlich
Jeg skal nok passe meg.	Ich werde schon auf mich aufpassen.
ta det pent	mit Fassung tragen

E Grammatik

§ 68 *også / heller ikke*

Åse liker å ligge på stranda, og det gjør Ole *også.*	Åse liegt gerne am Strand, und Ole *auch.*
Åse har ikke lyst til å gå hjem, og det har Ole *heller ikke.*	Åse hat keine Lust nach Hause zu gehen, Ole *auch nicht.*

* Beachten Sie den Unterschied zwischen *også* (auch) und *heller ikke* (auch nicht).

207

§ 69 Indirekte Rede

	Direkte Rede	Indirekte Rede
1.	Jeg *går* hjem. (Ich gehe nach Hause.)	Han <u>sier</u> at han *går* hjem. (Er sagt, er geht (gehe) nach Hause.)
2 a)	Jeg *går* hjem. (Ich gehe nach Hause.)	Han <u>sa</u> at han *gikk* hjem. (Er sagte, er ginge nach Hause.)
2 b)	Jeg *gikk* hjem. (Ich ging nach Hause.)	Han <u>sa</u> at han *hadde gått* hjem.
2 c)	Jeg *har gått* hjem. (Ich bin nach Hause gegangen.)	(Er sagte, er sei nach Hause gegangen.)
2 d)	Jeg *skal gå* hjem. (Ich werde nach Hause gehen.)	Han <u>sa</u> at han *skulle gå* hjem. (Er sagte, er werde nach Hause gehen.)

- Wenn das Aussageverb in der Gegenwart steht, wird in der indirekten Rede die Zeit der direkten Rede beibehalten.(Beispiel 1)

- Wenn das Aussageverb in der Vergangenheit steht, wird die Zeit des Verbs in der indirekten Rede verschoben. (Beispiel 2a - 2d)

direkte Rede		indirekte Rede	
Präsens	⇒	Präteritum	(Beispiel 2a)
Präteritum	⇒	Plusquamperfekt	(Beispiel 2b)
Perfekt	⇒	Plusquamperfekt	(Beispiel 2c)
Futur	⇒	Konditional	(Beispiel 2d)

→ *Praktische Grammatik der norwegischen Sprache* §151.3

F Übungen

1. Spørsmål til hovedteksten:

a) Hvordan ringer man fra Norge til Tyskland?
b) Hvem ringte Christian til?
c) Hvor ringte han fra?
d) Hvorfor spurte Christian om forbindelsen var dårlig?
e) Hva hadde Christian og Norbert planlagt å gjøre?
f) Hvorfor ville Christian heller bli i Norge?
g) Hvordan reagerte Norbert da han hørte dette?
h) Hvilket råd ga han Christian?

2 a) Skriv ferdig dialogen ved hjelp av tabellen:

A: Jeg skal ringe til Berlin, men vet ikke hvordan jeg skal gjøre det?
B: Det er ikke noe problem. Først slår du .... (osv)

b) Bytt ut *Berlin* med noen av de andre byene i tabellen og øv dialogene.

Tyskland	49	
Berlin		30
Bonn		228
Bremen		421
Düsseldorf		211
Essen		201
Hamburg		40
Kiel		431
Köln		221
München		89
Stuttgart		711

3 a)   Øv dialogen:

A: Vi kan dessverre ikke gå på kino på mandag.
B: Det var synd.

b)   Bytt ut *gå på kino* med: *dra på fisketur, reise til Kirkenes, besøke*
Finn og Unn, spise middag sammen

og *synd* med: *leit, beklagelig, dumt, ergerlig*
og øv de nye dialogene.

4 a)   Les gjennom B 2 og 3 (*Sprachmustertexte*) en gang til.
Skriv deretter svarene og øv dialogen:

A: Synes du at jeg skal skrive et brev?
B: Ja (*nei/hvis*) ....

b)   Bytt ut *skrive et brev* med: *slå meg ned i Norge, bestille en pizza,*
gå en tur, besøke foreldrene mine,
flytte inn i ny leilighet
og øv de nye dialogene.

5.   Sett inn *også* eller *heller:*

a)   A: Jeg skal reise til Norge i dag.
B: Det skal jeg ....

b)   A: Jeg vil ikke reise til Sverige nå.
B: Det vil jeg .... ikke.

c)   Bytt ut *reise til Norge* med: *lære trafikkreglene, lese ei bok, gå på*
kino, kjøpe nye klær, spille fotball

og *reise til Sverige* med: *stå opp, kle på meg, spise frokost,*
drikke kaffe, pusse tennene
og øv de nye dialogene.

6 a) Øv dialogen:

> A: Og da sa Jens: »Jeg kommer til Bergen».
> B: Hva sa han?
> A: Han sa at han kom til Bergen.

 b) Bytt ut *kommer til Bergen* med: *kom/har kommet til Bergen,*
er/var/har vært syk, gleder/gledet/
har gledet meg til sommerferien
og øv de nye dialogene.

7. Rollespill: En telefonsamtale

Du er i Norge på ferie og bilen din må på verkstedet. Du ringer sjefen
din fra et postkontor for å fortelle at du ikke kan komme på arbeid på
mandag, men at du må ha lengre ferie. Du vet ikke hvilket nummer
du skal slå for å komme til Tyskland, og du spør først en
postfunksjonær om han kan hjelpe deg.

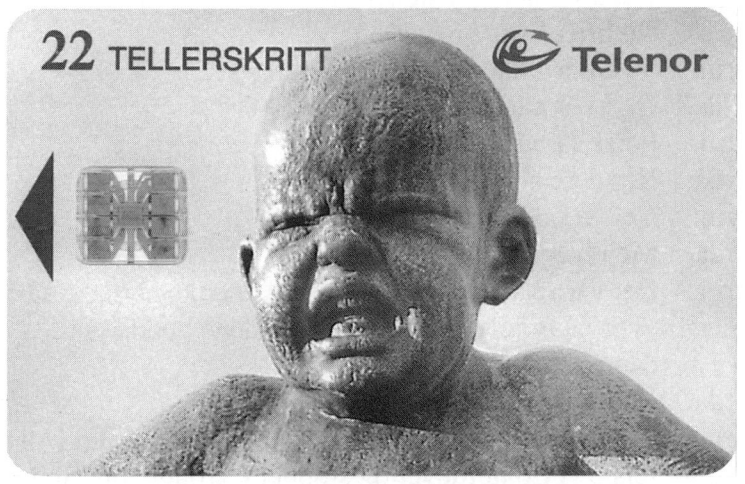

Lektion 22   PÅ HJEMTUR

A Haupttext

På vei hjem treffer Karin og Jens tilfeldigvis Gerda og Wilhelm
igjen på ferga.

I butikken om bord

Karin: Neimen, er det ikke Gerda?
Gerda: Hei Karin, reiser dere også med denne ferga?
Karin: Ja, nå er ferien vår dessverre snart forbi. Jeg har
         akkurat brukt de siste feriepengene mine til å kjøpe
         noen presanger.
Gerda: Jeg ser det.
Karin: Og dette lilla silkeskjerfet har jeg tenkt å beholde selv.
         Jeg tror det vil stå godt til en kjole jeg har i samme farge.
Gerda: Det kommer helt sikkert til å kle deg godt. Hadde dere
         det bra i Norge forresten?
Karin: Vi kunne ikke ha hatt det bedre.
Gerda: Og hvor har dere vært?
Karin: Først var vi i Oslo i to dager.
Gerda: Har dere noen kjente der?
Karin: Nei, vi bodde på hotell.
Gerda: Men ble ikke det fryktelig dyrt?
Karin: Det var selvsagt ikke helt billig, men det er ikke så ofte
         vi er på ferie, og på de andre stedene bodde vi i
         campinghytter.
Gerda: Har dere reist langt?
Karin: Ja, nesten i lengste laget. Etter at vi hadde vært i Oslo,
         reiste vi E6 nordover og stoppet i Trondheim, Bodø og
         Tromsø.

Gerda: Men ble det ikke mye bilkjøring?
Karin: Jo, selv om de norske veiene er blitt mye bedre de siste årene, ble det litt i meste laget. Til neste år skal vi ta det litt mer med ro.
Gerda: Så dere vil reise tilbake til neste år også?
Karin: Ja vær sikker! Denne turen ga mersmak, men jeg glemmer jo helt å spørre om hvordan dere har hatt det.
Gerda: Vi har som vanlig hatt det bare bra. Vi har vært i Kragerø i hele ferien og slappet av.
Karin: Har dere vært heldige med været?
Gerda: Stort sett har vi hatt veldig fint vær, men det synes jeg nesten er det beste med Norge at vind og vær og natur skifter hele tida.

I baren

Wilhelm: Skål Jens, hyggelig å se deg igjen.
Jens: Skål Wilhelm og takk i like måte.
Wilhelm: Nå, hvordan likte du deg i Norge?
Jens: Vi har hatt en fantastisk fin tur.
Wilhelm: Og hvordan likte du nordmennene?
Jens: De fleste vi møtte var veldig hyggelige, men jeg tror ikke man bør uttale seg for generelt om et helt folk.
Wilhelm: Nei, det har du i og for seg helt rett i. Tror du vi får fint vær på tilbaketuren?
Jens: Ja, jeg hørte værmeldinga før vi dro. Det ble meldt overveiende lettskyet, pent vær og litt stigende temperatur.
Wilhelm: Men skulle det bli vind?
Jens: Nei, ikke noe særlig, bare skiftende bris.
Wilhelm: Fint, da slipper vi å bli sjøsyke.
Jens: Kanskje vi skulle ta en drink til?
Wilhelm: Nei, jeg tror det er best vi slutter nå.

B Sprachmustertexte

1. A: Hva synes du om nordmenn (*dansker/svensker/tyskere*)?
   B: Jeg synes (at) de er (*virker*) sjenerte (*dovne/sure/aggressive*)./
   Jeg tror ikke (at) man kan uttale seg generelt om et folk.

2. A: Hva synes du om franskmenn (*engelskmenn/italienere/hollendere*)?
   B: Jeg synes (at) de er (*virker*) høflige (*hjelpsomme/dyktige*)./
   Jeg tror at generelle meninger om et folk bare bygger på fordommer.

3. A: Hvordan liker du utlendinger?
   B: Menneskene er ulike i alle land./ Noen er flinke (*flittige/blide/rolige*)
   og andre er dumme (*dovne/sure/oppfarende*).

4. A: Har du kjøpt (deg) noe nytt?
   B: Ja, jeg har kjøpt (meg) ei grå (*lilla/orange/beige/fiolett*) veske og et
   par nye sko i samme farge.

5. A: Har du hørt værvarslet for i morgen?
   B: Ja, det skal bli overveiende (*stort sett/for det meste/for en stor del/
   til dels*) lettskyet (*skiftende skydekke*) og pent vær.

6. A: Hvordan blir været i morgen?
   B: Det blir fortsatt varmt (*kjølig*), men litt synkende (*stigende*)
   temperaturer etter hvert.

7. A: Kommer det til å blåse i morgen?
   B: Ja, det skal bli vestlig (*østlig/nordlig/sørlig/skiftende*) (*frisk*) bris på
   kysten (*i indre strøk*) og periodevis opp til (stiv) kuling på fjellet
   (*i utsatte strøk*), og natt til fredag skal vinden øke (*minke*).

8. A: Blir det oppholdsvær i morgen?
   B: Det er mulighet (*utrygt*) for enkelte (*spredte/lokale*) ettermiddags-
   byger (*regnbyger/sluddbyger/snøbyger*).

C Übungstext

Da Karin og Jens og barna deres
reiser tilbake til Tyskland, treffer
de Gerda og Wilhelm på ferga igjen.
Karin er i butikken om bord. Og hun
har akkurat brukt de siste feriepen-
gene sine til å kjøpe noen presanger
da hun får se Gerda. De hilser på
hverandre, og spør hvordan ferien
har vært. Karin forteller at de har
vært i Oslo, Trondheim, Bodø og
Tromsø, og at de har bodd både på
hotell og i campinghytter. Gerda
sier at hun og Wilhelm har vært i
Kragerø i hele ferien og slappet av.
Begge har hatt det fint selv om
været har vært veldig skiftende.
Jens og Wilhelm, som treffer hver-
andre i baren, er også fornøyde med
turen. De snakker om været, og
Wilhelm er glad for at de slipper
å bli sjøsyke, for værmeldinga er
god.
Jens lurer på om de skal ta en drink
til, men Wilhelm tror det er best
at de slutter nå.

Da Karin og Jens og barna .....
reiser ...... til Tyskland, treffer
de Gerda og Wilhelm på ferga ....
Karin er i butikken om .... . Og hun
har akkurat brukt de ..... feriepen-
gene .... til å kjøpe noen presanger
da hun får se Gerda. De hilser på
.... , og spør .... ferien
har vært. Karin forteller at de har
.... i Oslo, Trondheim, Bodø og
Tromsø, og at de har bodd .... på
hotell og i campinghytter. Gerda
.... at hun og Wilhelm har vært i
Kragerø i hele ferien og .... av.
Begge har hatt det fint .... om
været har vært veldig ....
Jens og Wilhelm, ... treffer hver-
andre i baren, er også fornøyde ...
turen. De snakker .. været, og
Wilhelm er glad ... at de slipper
å bli sjøsyke, for værmeldinga er
.... .
Jens lurer .. om de skal ta en drink
til, men Wilhelm tror det er ....
at de .... nå.

215

D Vokabelliste

Substantiv

silkeskjerf /et	Seidenschal
kjole /en	Kleid
farge /en	Farbe
mersmak /en	Appetit
folk /et	Volk
temperatur /en	Tempertatur
bris /en	Brise
danske /en	Däne
svenske /en	Schwede
franskmann /en,	Franzose
Pl. -menn	
engelskmann /en,	Engländer
Pl. -menn	
hollender /en,	Holländer
Pl. -ere	
fordom /men	Vorurteil
skydekke /et	Wolkendecke
kyst /en	Küste
strøk /et	Gegend, Gebiet
oppholdsvær /et	«niederschlags-
	freies Wetter»
mulighet /en	Möglichkeit
sluddbyge /a	Schneeregen

Verb

beholde	behalten
kle	kleiden, stehen
uttale	äußern
melde	melden
stige	steigen
synke	sinken
øke	zunehmen
minke	abnehmen

Adjektiv

lilla	lila
generell	allgemein
overveiende	überwiegend
lettskyet	leicht bewölkt
sjøsyk	seekrank
sjenert	schüchtern
doven	faul
sur	sauer
aggressiv	aggressiv
høflig	höflich
vennlig	freundlich
hjelpsom	hilfsbereit
ulik	ungleich
flittig	fleißig
rolig	ruhig
orange	orange
fiolett	violett
enkelt	vereinzelt
sørlig	südlich
nordlig	nördlich
blid	fröhlich
oppfarende	aufbrausend
beige	beige
utsatt	ausgesetzt
vestlig	westlich
østlig	östlich

Adverb

tilfeldigvis	zufällig
periodevis	zeitweise
etter hvert	allmählich
fortsatt	weiterhin

Uttrykk

på hjemtur / på vei hjem	auf der Heimfahrt
treffe (hverandre) igjen	sich wiedersehen
i lengste laget	zu weit
gi mersmak på noe	Appetit auf etwas machen
være heldig med været	Glück mit dem Wetter haben
stort sett	im Großen und Ganzen
for det meste	meistens
for en stor del	größtenteils
til dels	teilweise
i indre strøk	im Landesinnern
i utsatte strøk	«in dem Wind ausgesetzten Gebieten»
enkelte regnbyger	vereinzelte Regenschauer
spredte byger	stellenweise Schauer

lett bris	=	schwacher Wind	(Windstärke 3)
laber bris	=	mäßiger Wind	(Windstärke 4)
frisk bris	=	frischer Wind	(Windstärke 5)
liten kuling	=	steife Brise	(Windstärke 6)
stiv kuling	=	steifer Wind	(Windstärke 7)
sterk kuling	=	stürmischer Wind	(Windstärke 8)

E Übungen

1. Spørsmål til hovedteksten:

a) Hvem treffer Karin på ferga til Tyskland?

b) Hvorfor reiser Jens og Karin tilbake igjen?

c) Hva har Karin akkurat gjort?

d) Har hun kjøpt noe til seg selv?

e) Hva forteller hun Gerda om ferien i Norge?

f) Hvordan har Gerda hatt det i ferien sin?

g) Har Gerda og Karin vært heldige med været?

h) Hvordan likte Jens nordmennene?

i) Hvordan er værmeldinga for tilbaketuren?

j) Kommer de til å bli sjøsyke?

2.   Sett inn riktige preposisjoner:

Gerda og Wilhelm Kramer er . . . Sveits. De har ei voksen datter som bor
. Kragerø, så de er ofte . . besøk . Norge. De har pleid å reise . . . tog
. . . Kragerø, men nå er dessverre jernbanestasjonen . Kragerø nedlagt.
Men de kan ta toget . . . Oslo . . . Neslandsvatn, og derfra reise . . .
buss . . . Kragerø. Bussen står og venter . . Neslandsvatn. Det er ikke
spisevogn . . . toget, men det kommer ei togvertinne og selger mat og drikke
. . . trillevogn.

. . bussen snakker de . . hva de skal gjøre . ferien. Gerda har lyst . . . å
ta båten . . . Jomfruland, og Wilhelm har mest lyst . . . å dra . . fisketur.
Han er ikke så glad . . . at de må gå . . så mange familiebesøk. Det blir
. . . mye stillesitting og kaffedrikking, synes han.

Mens de er . Kragerø, er de ofte . . besøk . . . Turid og Erling, svigerfor-
eldrene . . . Heidi. De har akkurat flyttet inn . ny leilighet, og det er veldig
hyggelig . . . dem. Gerda har tatt . . . seg et par småting . . . Sveits,
og Turid og Erling blir veldig glade . . . presangene.

De setter seg . . . bords, og skåler med hverandre. Maten smaker veldig godt,
og Gerda ber . . å få oppskriften . . hovedretten. Den kan enten kokes
. . . . . lokk . . svak varme . . plate eller man kan ha den . ildfast form
. stekeovnen.

Etter at de har spist, takker de . . . maten. Da de skal gå hjem, vil de ikke at
Erling ringer . . . . . ei drosje, for de har bare godt . . å gå.

3 a)   Øv dialogen:

    A: Jeg har kjøpt en *rød genser* og bukse i samme farge.
    B: Det kommer helt sikkert til å kle deg fantastisk godt.

  b)   Bytt ut *rød* med *grønn, blå, gul, grå, lilla, orange, beige, fiolett,
       hvit, sort* og *genser* med *skjorte, skjerf, kjole, skjørt, joggedress,
       regnfrakk* og øv de nye dialogene.

218

4 a)   Les værmeldinga på s. 220 høyt.

  b)   Lag spørsmål og svar med utgangspunkt i værmeldinga.

        Eksempel: A: Hvordan skal været bli på Finnmarksvidda i morgen?
                   B: Det skal bli nordvestlig frisk bris ... osv.

                   A: Har du hørt værvarslet for Finnmarksvidda?
                   B: Ja, det skal bli ... osv.

5 a)   Øv dialogen:

        A: Hva synes du om *Svein*?
        B: Jeg synes han er ganske *dovn*.

  b)   Bytt ut *Svein* med andre navn fra boka og *doven* med
        sur, sjenert, oppfarende, aggressiv og øv de nye dialogene.

6 a)   Øv dialogen:

        A: Hvordan liker du *Kristin*?
        B: Jeg synes hun er ganske *flittig*.

  b)   Bytt ut *Kristin* med andre navn fra boka og *flittige* med
        blid, rolig, vennlig, hjelpsom og øv de nye dialogene.

7.   Rollespill

        Christian er tilbake i Tyskland. Han er på besøk i Hamburg, og der
        treffer han Jens. De forteller hverandre hva de har opplevd i Norge.

        Skriv dialogen og øv den.

219

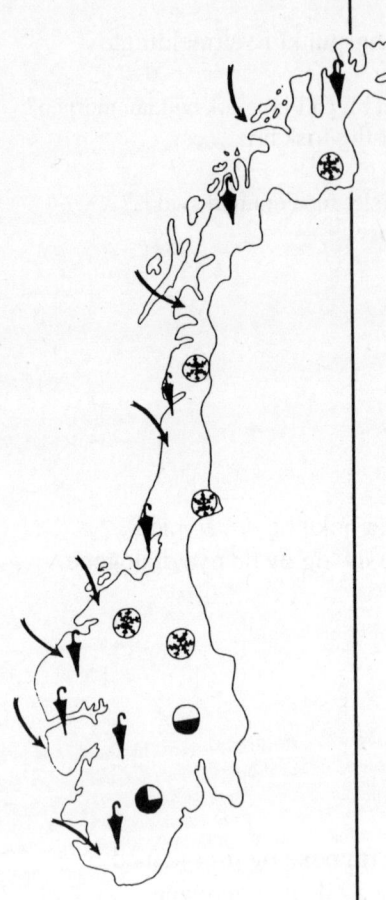

Finnmarksvidda, kyst- og fjordstrøkene i Finnmark, Vesterålen, Troms:
Nordvestlig frisk bris, periodevis liten kuling på kysten, sludd - og snøbyger.

Lofoten, Ofoten, høyfjellet ved Ofotbanen:
Nordvestlig opptil frisk bris på kysten, enkelte sluddbyger.

Helgeland, Saltfjellet, Salten:
Nordvestlig opptil frisk bris på kysten, enkelte regn- eller haglbyger, snø i høyden.

Romsdal, Nordmøre, Trøndelag:
Bris omkring nord, periodevis opptil liten kuling på kysten. For det meste skyet, enkelte regnbyger, snøbyger over ca. 400 meter.

Sunnmøre:
Nordøstlig frisk bris eller liten kuling på kysten, skiftende skydekke, enkelte spredte regnbyger.

Hordaland, Bergen, Sogn og Sunnfjord, Rogaland:
Skiftende bris, ytterst på kysten nordlig opptil stiv kuling som minker til frisk bris natt til fredag. Stort sett pent vær, men utrygt for lokale ettermiddagsbyger i indre strøk.

Kysten Lindesnes-Ånasira, dalstrøkene innenfor:
For det meste nordvestlig bris, skiftende skydekke, perioder med sol, men utrygt for lokale regnbyger.

Kysten Lindesnes-Stavern, Ytre Oslofjord:
Norøstlig bris, frisk utsatte steder. Skiftende skydekke. For det meste pent vær.

Fjellstrøkene Dovrefjell-svenskegrensa, Trollheimen-Jotunheimen:
Nordøstlig bris. Skiftende skydekke. Mulighet for lokale sludd- eller snøbyger i nordlige strøk. Ellers opphold og perioder med pent vær.

Langfjella:
Nordøstlig bris. Skiftende skydekke og for det meste pent vær.

Indre Agder, Telemark, Østlandet med Oslo, Rondane:
Nordøstlig bris. Delvis skyet opphold og til dels pent vær.

Unregelmäßige Verben

Infinitiv	Präsens	Präteritum	Partizip Perfekt
be (bitten)		bad	bedt
bli (werden, bleiben)		ble	blitt
brekke (brechen)		brakk	brukket
bære (tragen)		bar	båret
dra (ziehen, gehen, fahren)		dro	dratt
drikke (trinken)		drakk	drukket
drive ((be)treiben)		drev	drevet
falle (fallen)		falt	falt
finne (finden)		fant	funnet
forsvinne (verschwinden)		forsvant	forsvunnet
fortelle (erzählen)		fortalte	fortalt
følge (folgen)		fulgte	fulgt
få (bekommen)		fikk	fått
gi (geben)		gav	gitt
gjelde (gelten)		gjaldt	gjeldt
gjøre (machen, tun)	gjør	gjorde	gjort
gå (gehen)		gikk	gått
ha (haben)		hadde	hatt
henge (hängen)		hang	hengt
hete (heißen)		het	hett
hjelpe (helfen)		hjalp	hjulpet
holde (halten)		holdt	holdt
komme (kommen)		kom	kommet
kunne (können)	kan	kunne	kunnet
la (lassen)		lot	latt
legge (legen)		la	lagt
ligge (liegen)		lå	ligget
måtte (müssen)	må	måtte	måttet
se (sehen)		så	sett
selge (verkaufen)		solgte	solgt
sette (setzen)		satte	satt
si (sagen)	sier	sa	sagt
sitte (sitzen)		satt	sittet
skrike (schreien)		skrek	skreket

Infinitiv	Präsens	Präteritum	Partizip Perfekt
skrive (schreiben)		skrev	skrevet
skulle (sollen)	skal	skulle	skullet
slippe (nicht brauchen, entgehen)		slapp	sluppet
slite (schuften)		slet	slitt
slå (schlagen)		slo	slått
stige (steigen)		steg	steget
sove (schlafen)		sov	sovet
spørre (fragen)	spør	spurte	spurt
stå (stehen)		sto(d)	stått
synke (sinken)		sank	sunket
ta (nehmen)		tok	tatt
treffe (treffen)		traff	truffet
velge (wählen)		valgte	valgt
ville (wollen)	vil	ville	villet
vite (wissen)	vet	visste	visst
være (sein)	er	var	vært

Alphabetisches Wörterverzeichnis

- Die Vokabeln der Lektionen sind in alphabetischer Reihenfolge aufgeführt.
- Das Geschlecht der Substantive ist mit Hilfe des best. Artikels -a, -en, -et nach dem Schrägstrich am Ende des Wortes angegeben: (mor /a, benk /en, bad /et).
- Bei Substantiven, die in der best. Form sowie im Plural zusammengezogen werden, erscheint hinter dem Schrägstrich die neue Form (stabel /blen, Pl. -bler); wird der Endkonsonant in der best. Form Singular verdoppelt, erscheint er hinter dem Schrägstrich (rom /met).
- Substantive mit unregelmäßigem Plural sind ebenfalls aufgeführt (far /en, Pl. fedre). Wird der Konsonant nach dem Stammvokal nicht verdoppelt, so wird er hinter dem Gedankenstrich erwähnt(kalle, - lte).
- Bei unregelmäßiger Imperfekt- bzw. Perfektendung erscheinen beide Endungen (bo, -dde, -dd). Bei den starken Verben sind alle drei Formen aufgeführt (be, bad, bedt).

A

absolutt	unbedingt	alle	alle
adjø	Adicu	allikevel	sowieso
advare, -te	warnen	alltid	immer
aggressiv	agressiv	alt	alles
akkurat	genau	altfor	zu
aksel /sla, Pl. -sler	Achsel	alvorlig	ernst
akutt	akut	anbefale, -te	empfehlen
aldersbevis /et	Altersbescheinigung	and /a Pl. ender	Ente
aldersgrense /a	Altersgrenze	andre (Pronomen)	andere
aldri	nie	andre (Zahlwort)	zweite
allerede	schon	ane, -te	ahnen

anledning /en	Gelegenheit	begynne, -nte	beginnen
annerledes	anders	beige	beige
anstrengende	anstrengend	beholde, beholdt,	behalten
antagelig	wahrscheinlich	beholdt	
apotek /et	Apotheke	beklage, -et	bedauern
appelsin /en	Apfelsine	beklagelig	bedauerlich
april	April	benk /en	Bank (Bänke)
arbeide, -et, -et	arbeiten	bensin /en	Benzin
arm /en	Arm	bensinmåler /en,	Tankanzeige
aspargessuppe /a	Spargelsuppe	Pl. -målere	
at	dass	bensinstasjon /en	Tankstelle
atten	achtzehn	berømt	berühmt
av	von	best	am besten
avis /en	Zeitung	bestefar /en,	Großvater
avleggs	altmodisch	Pl. -fedre	
		bestemme, -mte	bestimmen
		bestemor, -a,	Großmutter
B		Pl. -mødre	
		bestå, besto(d),	bestehen
bad /et	Bad	bestått	
badestrand /a,	Badestrand	besøk /et	Besuch
Pl.-strender		besøke, -te	besuchen
bagatell /en	Bagatelle	betale, -te	bezahlen
bagasje /en	Gepäck	betjening /en	Bedienung
bagasjenett /et	Gepäcknetz	bety, -dde, -dd	bedeuten
bak	hinten	bil /en	Auto
baksete /et	Rücksitz	bilbok /a, Pl.-bøker	Autoatlas
balansere, -te	balancieren	bilde /et	Bild
balkong /en	Balkon	billett /en	Fahrkarte
banal	banal	billettluke /a	Fahrkartenschalter
banan /en	Banane	billettør /en	Kartenverkäufer
bank /en	Bank (Banken)	billig	billig, preiswert
banke, -et	klopfen	bilverksted /et	Autowerkstatt
bare	nur	bli, ble, blitt	werden, bleiben
barn /et, Pl. barna	Kind	bli kvitt	loswerden
barnebarn /et,	Enkelkind	blid	fröhlich
Pl. -barna		blomkål /en	Blumenkohl
be, bad, bedt	bitten	blå	blau
bedre	besser	blåse, -te	wehen, windig sein
begge	beide	bo, -dde, -dd	wohnen
begge to	alle beide	bod /en	Abstellraum

bok /a, Pl. bøker	Buch	bærepose /en	Tragetasche
bokhylle /a	Bücherregal	både...og	sowohl...als auch
boksemat /en	Dosengericht	båt /en	Boot
bompenger Pl.	Mautgebühr		
bonde /en,	Bauer		
Pl. bønder		**C**	
bord /et	Tisch		
bort, borte	weg	ca., cirka	cirka
bortover	entlang	campinghytte /a	Campinghütte
bot /a, Pl. bøter	Bußgeld	campingplass /en	Campingplatz
bra	gut		
bred	breit		
brekke, brakk,	brechen	**D**	
brukket			
bremse /a	Bremse	da (Konjunktion)	als
bremsevæske /a	Bremsflüssigkeit	da (Adverb)	dann
bris /en	Brise	dag /en	Tag
bror /en,	Bruder	daglig	täglich
Pl. brødre		dal /en	Tal
bruke, -te	verwenden,gebrau-	dame /a	Frau
	chen	danske /en	Däne
bruke knep	Tricks anwenden	datter /tra, Pl. døtre	Tochter
brun	braun	de, De	sie, Sie
brune, -te	anbraten	deg	dich, dir
brus /en	Sprudel	deilig	herrlich
bruskassestabel /	Stapel mit Sprudel-	dekktrykk /et	Reifendruck
blen, Pl. -blen	kästen	del /en	Teil
bryst /et	Brust	dele, -te	teilen
brød /et	Brot	dem, Dem	ihnen, sie; Ihnen,
buljong /en	Bouillon		Sie
bunad /en	Tracht	denne	dieser
bukse /a	Hose	der	dort
burde, bør, burde,	sollen	dere	ihr,euch
burdet		deres, Deres	euer, Ihr
buss /en	Bus	deretter	danach
butikk /en	Geschäft	derfor	deshalb
by /en	Stadt	derfra	von dort
bygge, -gde, -gd	bauen	desember	Dezember
bygning /en	Gebäude	dessert /en	Dessert
bytte, -et	umsteigen	dessuten	außerdem
bære, bar, båret	tragen	dessverre	leider

det	das, es	**E**	
detalj /en	Detail		
det fins	es gibt	egen, eget, egne	eigen
dette	dies (-es)	egg /et	Ei
diaré /-en	Durchfall	eggerøre /a	Rührei
din	dein	egoistisk	egoistisch
direkte	direkt	ei	eine
direktetog /et	durchgehender Zug	ei natt til	noch eine Nacht
diskotek /et	Diskothek	ekte	echt
diskusjon /en	Diskussion	ekspeditør /en	Verkäufer /in
diskutere, -te	diskutieren	eldre	älter
dit	dorthin	eldst	am ältesten
dobbeltseng /a	Doppelbett	elendig	elend
doven	faul	elg /en	Elch
dra, dro, dratt	ziehen, gehen,	elgstek /en	Elchbraten
	fahren	eller	oder
drikke, drakk,	trinken	ellers	sonst
drukket		elleve	elf
drive, drev,	(be)treiben	en	ein
drevet		enda	noch
drops /et	Bonbon	ende, -dte	enden
drosje /a	Taxi	eneste	einziger
drosjesjåfør /en	Taxifahrer	engelsk	englisch
dråpe /en	Tropfen	engelskmann /en	Engländer
du	du	Pl. -menn	
duk /en	Tischdecke	enig	einig
dum	dumm	enkelt	einfach, einzeln
dusje, -et	duschen	enkeltværelse /et	Einzelzimmer
dust /en	Trottel	enn	als (Vergleich)
dyktig	tüchtig	en og en halv	eineinhalb
dyne /a	Oberbett	(halvannen)	(anderthalb)
dyr	teuer	enslig	alleinstehend
dyr /et	Tier	enten ... eller	entweder ... oder
døgn /et	24 Stunden, rund	entré /en	Eingang
	um die Uhr	eple /et	Apfel
dør /a	Tür	eplekake /a	Apfelkuchen
dårlig	schlecht	ergerlig	ärgerlich
		erte, -et	ärgern
		et (Artikel)	ein
		etasje /en	Etage
		ett (Zahlwort)	eins

etter	nach	fiolblå	veilchenblau
ettermiddag /en	Nachmittag	fiolett	violett
eventyrlig	abenteuerlich	fire	vier
		fiske, -et	angeln
		fiskebolle /en	Fischkloß
F		fiskekake /a	Fischfrikadelle
		fiskepudding	Fischpudding
falle, falt, falt	fallen	fiskestang /a,	Angel
familie /en	Familie	Pl. -stenger	
familiebesøk /et	Verwandtenbesuch	fiskesuppe /a	Fischsuppe
fantastisk	fantastisch	fisketrygdavgift /en	Angelgebühr
far /en, Pl. fedre	Vater	fjell /et	Gebirge
farfar /en	Großvater väter-	til fjells	ins Gebirge
	licherseits	fjellovergang /en	Passstraße
farge /en	Farbe	fjerdedel /en	Viertel
farlig	gefährlich	fjernvalg /et	Auslandsvorwahl
farmor /a	Großmutter	fjorten	vierzehn
Pl. -mødre	väterlicherseits	flaks	Glück
fast	fest	flaske /a	Flasche
fattig	arm	flere	mehrere
feber /en	Fieber	flest	am meisten
februar	Februar	flink	tüchtig
feile, -te	fehlen	flittig	fleißig
feire, -et	feiern	flytte inn, -et	einziehen
fem	fünf	flåte /en	Floß
femten	fünfzehn	folk /et	Volk
femti	fünfzig	for (Präposition)	für, vor
fengsel /slet,	Gefängnis	for (Konjunktion)	denn
Pl. -sler		foran	vor (örtlich)
ferdig	fertig	for at	damit
ferge /a	Fähre	for det meste	meistens
ferskvann /et	Süßwasser	for en stor del	größtenteils
fetter /en	Vetter	for ... siden	vor (zeitlich)
fillet	zerlumpt	forberede, -dte	vorbereiten
filter /et, Pl. -tre	Filter	forbi	vorbei
fin	fein, schön	forbindelse /en	Verbindung
finger /en,	Finger	forbudt	verboten
Pl. fingrer		fordi	weil
finne, fant, funnet	finden	fordom /men	Vorurteil
finne ut	herausfinden	foreldre, Pl.	Eltern
finne på	machen	foreløpig	vorläufig

forestilling /en	Vorstellung	fryktelig	fürchterlich
foretrekke, fore- trakk, foretrukket	vorziehen	fryse, frøs, frosset fylle bensin, -lte	frieren tanken
forhør /et	Verhör	født	geboren
forkjølelse /en	Erkältung	føle, -te	fühlen
forkle /et, Pl. -klær	Schürze	følge, fulgte, fulgt før	folgen früher
form /a	Form	først	zuerst
formiddag /en	Vormittag	første gang /en	das erste Mal
for mye	zu viel	første klasse	erste Klasse
fornuftig	vernünftig	førti	vierzig
forresten	übrigens	få, fikk, fått	bekommen, dürfen,
for sikkerhets skyld	sicherheitshalber		müssen
		få lov til å	dürfen
forsinket	verspätet	få nytte av	profitieren
forsiktig	vorsichtig		
forskjellig	unterschiedlich		
forsvinne, forsvant, forsvunnet	verschwinden	**G**	
forsyne, -te	bedienen		
forstå, forsto, forstått	verstehen	gal gammel	falsch, verrückt alt
forsøke, -te	versuchen	gang /en	Gang, Flur
fort	schnell	-med en gang	sofort
fortsatt	immer noch	ganske	ziemlich
fortsette, fortsatte, fortsatt	fortsetzen	garasje /en garderobe /en	Garage Garderobe
fotball /en	Fußball	gate /a	Straße
fra	von, aus	gatemusikant /en	Straßenmusikant/in
framme	da, vorn	gateselger /en	Straßenverkäufer/in
fredag /en	Freitag	Pl. -e	
frekk	frech	gave /en	Geschenk
fremme	vorne	generell	allgemein
fremmed	fremd	genser /en,	Pullover
friluftsliv /et	Freizeitaktivitäten in der Natur	Pl. -sere	
		gi, gav, gitt	geben
frisk	gesund	Gi deg!	Reg dich ab!
fritid /a	Freizeit	gifte seg, -et	heiraten
frokost /en	Frühstück	gjennom	durch
frukt /en	Obst	(gjennom)reise /a	(Durch)reise
fruktsalat /en	Obstsalat	gjenta, -tok, tatt	wiederholen

228

gjerne	gerne
gjerrig	gierig, geizig
gjest /en	Gast
gjesterom /met	Gästezimmer
gjøre, gjør, gjorde	machen, tun
gjort	
glad	froh
være glad i	mögen
glass /et	Glas
glede seg, -et	sich freuen
glemme, -mte	vergessen
god	gut
god tid	viel Zeit
gram, -met	Gramm
gratis	gratis, umsonst
gratulere, -te	gratulieren
grei	klar, einfach, nett
greie, -de, -dd	schaffen
ha god greie på	sich auskennen
grille, -et	grillen
gris /en	Schwein
grov	grob
grunn /en	Grund
gryte /a	Topf
gryterett /en	Eintopfgericht
grønn	grün
grønnsaker, Pl.	Gemüse
grønnsak-	Gemüseabteilung
avdeling /en	
Gudskjelov!	Gott sei Dank!
gul	gelb
gulost /en	Butterkäse
gulv /et	Fußboden
gunstig	günstig
gutt /en	Junge
gyllenblond	goldblond
gøy	Spaß
gå, gikk, gått	gehen
gå en tur	spazieren gehen
gå ut	ausgehen
gårdsplass /en	Hof

H

ha, hadde, hatt	haben
hage /en	Garten
hagemøbler, Pl.	Gartenmöbel
hagle, -et	hageln
haike, -et	per Anhalter fahren
hallo	hallo
hals /en	Hals
halv	halb
halvannen	anderthalb
halvpart /en	Hälfte
han	er
hand /a, Pl. hender	Hand
handelsreisende	Vertreter/in
handle inn, -et	einkaufen
handle om, -et	handeln von
ham	ihn, ihm
ha rett i	recht haben
havn /a	Hafen
hei	hallo
heis /en	Aufzug
hektisk	hektisch
heldig	glücklich
heldigvis	glücklicherweise
helle, -lte	gießen
heller	lieber
helst	am liebsten
hemmelighet /en	Geheimnis
hen	hin
hende, -te	geschehen
henge, -te	hängen
henne	sie, ihr
hennes	ihr
hente, -et	holen
her	hier
herfra	von hier
herske, -et	herrschen
hest /en	Pferd
hete, het, hett	heißen
hilse, -te	grüßen

hilsen /en	Gruß	hvis	falls, wenn
hit	hierher	hvit	weiß
hjelp /en	Hilfe	hvor	wo
hjelpe	helfen	hvordan	wie
hjelpsom	hilfsbereit	hvorfor	warum
hjem	nach Hause	hvor mange	wie viele
hjemme	zu Hause	hvor mye	wieviel
hode /et	Kopf	hvor lenge	wie lange
hodepine /en	Kopfschmerzen	hvor langt	wie weit
holde	halten	hybel /en, Pl.-ler	Zimmer (zur Miete)
holde senga	im Bett bleiben	hyggelig	nett
hollender /en	Holländer	Hysj!	Psst!
hotell /et	Hotel	hytte /a	Hütte
hotellgjest /en	Hotelgast	høflig	höflich
hotellingang /en	Hoteleingang	høne /a	Huhn
hoppbakke /en	Sprungschanze	høre, -te	hören
hoppe, -et	springen	høst /en	Herbst
hos	bei	høy	hoch, laut, groß
hoved-	Hauptzutat	høyfjell /et	Hochgebirge
ingrediens /en		høyre	rechts
hovedrett /en	Hauptgericht	håndkle /et,	Handtuch
hovedrolle /en	Hauptrolle	Pl. -klær	
Huff!	Ach!, Ih!	håpe, -et	hoffen
humoristisk	humorvoll	hår /et	Haar(e)
hun	sie		
hundre	hundert		
hundrekrone-	Hundertkronen-		
seddel /len, Pl.-ler	schein	**I**	
hundrelapp /en	Hundertkronen-		
	schein	i	in
hus /et	Haus	iallfall	jedenfalls
huske,	erinnern	i to år	zwei Jahre lang
huskeliste /a	Merkzettel	i dag	heute
husleie /a	Miete	i dag morges	heute Morgen
hva	was	i det siste	in letzter Zeit
Hva heter du?	Wie heißt du?	i det hele tatt	überhaupt
hvem	wer, wen, wem	i fjor	letztes Jahr
hver	jeder	i gamle dager	früher
hverandre	einander	igjen	wieder
hvilken	welcher	i god tid	rechtzeitig
		i går	gestern

i hvert fall	auf jeden Fall	
ikke	nicht	
ikke en gang	nicht einmal	
ikke ... heller	auch nicht	
ikke noe,	nichts	
ikke noenting	nichts	
ikke sant	nicht wahr	
i kveld	heute Nacht	
ildfast	feuerfest	
imens	während	
imot	gegen	
importere, -te	importieren	
impulsiv	impulsiv	
indre	innerer	
influensa /en	Grippe	
ingen	keiner, niemand	
ingenting	nichts	
inkludert	inbegriffen	
innbydelse /en	Einladung	
inne	innen	
innestengt	isoliert	
innkjøpsliste /a	Einkaufszettel	
innkjørsel /en,	Einfahrt	
Pl. kjørsler		
innrømme, -mte	zugeben	
innskudd /et	Kaution	
insistere, -te	bestehen	
investere, -te	investieren	
invitasjon /en	Einladung	
i og for seg	an und für sich	
i overkant av	etwas mehr als	
i rute	pünktlich	
is /en	Eis	
i seg selv	an sich	
i så fall	in diesem Fall	
i tillegg	zusätzlich	
i underkant av	etwas weniger als	
i våre dager	heutzutage	

J

ja, ja da	ja
januar	Januar
jeg	ich
jente /a	Mädchen
jernbanestasjon /en	Bahnhof
jo, jo da	doch
jobb /en	Job, Arbeit
jogge, -et	joggen
joggedress /en	Jogginganzug
jo mer ... desto	je mehr ... desto
jordbær /et	Erdbeere
juni	Juni
juli	Juli

K

kafé /en	Café
kaffe /en	Kaffee
kaffedrikking	Kaffeetrinken
kakao /en	Kakao
kake /a	Kuchen
kald	kalt
kalle, -lte	nennen
kanskje	vielleicht
kasse /a	Kasse
kelner /en	Kellner/in
kilo /et	Kilo
kilometer /en,	Kilometer
Pl. kilometer	
kino /en	Kino
kinolokal /et	Kinosaal
kirke /a	Kirche
kjedelig	langweilig
kjeller /en	Keller
kjempeflott	riesig, toll
kjempegrei	sehr nett
kjenne, -nte	spüren
kjenne seg igjen	wiedererkennen

kjente, Pl.	Bekannte	kraftig	kräftig
kjole /en	Kleid	krangle, -et	zanken
kjær	lieb	krone /a	Krone
kjøkken /et	Küche	krydder /et	Gewürz
kjølevann /et	Kühlflüssigkeit	krydre, -et	würzen
kjølig	kühl	krystallglass /et	Kristallglas
kjøpe, -te	kaufen	kuling /en	starker Wind
kjøre, -te	fahren	kultur /en	Kultur
kjøreretning /en	Fahrtrichtung	kunne, kan, kunne	können
kjøttkake /a	Frikadelle	kunnet	
kjøttpålegg /et	Wurstaufschnitt	kunne tenke seg	schätzen
kjøttvarer, Pl.	Fleischwaren	kusine /a	Cousine
klage, -et	klagen	kvadratmeter /en,	Quadratmeter
klar	fertig	Pl. -meter	
være klar over	sich im Klaren sein	kvalm	übel
klare, -te	schaffen	kvart	viertel
kle, -dde, -dd	kleiden	kveld /en	Abend
kle på seg	sich anziehen	i kveld	heute Abend
kleshenger /en	Kleiderbügel	om kvelden	abends
klokke /a	Uhr	kveldsmat /en	Abendbrot
klær, Pl.	Kleidung	kvinne /a	Frau
kne /et, Pl. knær	Knie	kvinnelig	weiblich
koffert /en	Koffer	kylling /en	Hähnchen
koke, -te	kochen	kyst /en	Küste
kokekunst /en	Kochkunst		
kollidere, -te	zusammenstoßen		
kollisjon /en	Zusammenstoß	**L**	
komme, kom,	kommen		
kommet		la, lot, latt	lassen
komplisert	kompliziert	lage, -et	machen, anfertigen
konkurrere, -te	konkurrieren	lagvis	schichtweise
konsert /en	Konzert	lampe /a	Lampe
kontor /et	Büro	land /et	Land
kopp /en	Tasse	lang	lang, weit
korridor /en	Gang, Flur	langs	entlang, längs
korttids-	Kurzzeitparken	langsom	langsam
parkering /en		langveis fra	von weither
koste, -et	kosten	ledig	frei, unbeschäftigt
krabbe /a	Krebs	lege /en	Arzt / Ärztin
kraft /en,	Kraft	legevakt /en	ärztliche Soforthilfe
Pl. krefter		legg /en	Unterschenkel

232

legge, la, lagt	legen	lunsj /en	Mittagessen
legge seg	sich hinlegen, ins Bett gehen	lure på, -te	überlegen, sich fragen
legitimasjon /en	Ausweis	lutefisk /en	gelaugter Stock-
leilighet /en	Wohnung		fisch
leke, -te	spielen	lyd /en	Geräusch, Ton
lekker	lecker	lykkelig	glücklich
lenestol /en	Sessel	lys	hell
lenge	lange	lyskryss /et	Ampelkreuzung
hvor lenge	wie lange	lærebok /a	Lehrbuch
lenger (Adverb)	länger, weiter	lærer /en	Lehrer/in
lengre (Adjektiv)	länger, größer	løk /en	Zwiebel
lese, -te	lesen	løse, -te	lösen
lete (etter) -tte, -tt	suchen	løse inn, -te	einlösen
lett	leicht	lørdag	Samstag
lettmelk /a	halbfette Milch	lån /et	Darlehen
lettskyet	leicht bewölkt	lår /et	Oberschenkel
lettvint	leicht, einfach		
lettøl /et	alkoholarmes Bier		
leve, -de	leben	**M**	
levegg /en	Windschutzwand		
ligge, lå, ligget	liegen	mage /en	Magen, Bauch
like, -te	mögen, gern haben	mager	mager
likestilling /en	Gleichberechtigung	mai	Mai
likevel	jedoch, dennoch	mamma	Mama
lilla	lila	mandag	Montag
lille, liten	klein	mange	viele
liter /en	Liter	hvor mange	wie viele
litt	etwas, ein bisschen	Mange takk	Vielen Dank
litt lite	etwas zu wenig	mangle, -et	fehlen
lokale /et	Raum, Saal	mann /en, Pl. menn	Mann
lokaltog /et	Nahverkehrszug	mannlig	männlich
lokk /et	Deckel	margarin /en	Margarine
lommebok /a	Brieftasche	mars	März
lov /en	Gesetz, Erlaubnis	masseprodusert	in Massenproduk-
luft /a	Luft		tion hergestellt
luftfilter /et, Pl. -tre	Luftfilter	mat /en	Essen
		matbod /en	Vorratsraum
lukke, -et	schließen	matforgiftning /en	Lebensmittelvergif-
lummer	schwül		tung
lungebetennelse /en	Lungenenzündung	mat og drikke	Essen und Trinken

matvarer, Pl.	Lebensmittel	morn	hallo
med	mit	mormor /a	Großmutter
med en gang	sofort		mütterlicherseits
meg	mich, mir	morsom	lustig
meget	viel, sehr	mot	gegen
mekaniker /en,	Mechaniker	motor /en	Motor
Pl. -e		mulig	möglich
melde, -dte	melden	muligens	möglicherweise
mellom	zwischen	mulighet /en	Möglichkeit
melodramatisk	melodramatisch	multekrem /en	Moltebeercreme
men	aber, sondern	mur /en	Mauer
mene, -te	meinen, denken	museum /et	Museum
mening /en	Meinung, Absicht	myk	weich
mens	während	måler /en, Pl. -lerne	Messgerät
mer	mehr	måtte, må, måtte,	müssen
mer ... enn	mehr ... als	måttet	
merkelig	merkwürdig	måte /en	Art und Weise
mersmak /en	Appetit	møbler, Pl.	Möbel
mest	am meisten	mørk	dunkel
middag /en	Mittag	møte, -tte, -tt	treffen, begegnen
middagsmat /en	Mittagessen	måltid /et	Mahlzeit
midnattssol /a	Mitternachtssonne	måned /en	Monat
midt (i)	mitten		
midterst	in der Mitte		
mil /a	skandinavische	**N**	
	Meile (= 10 km)		
mild	mild	nabo /en	Nachbar
min	mein	natur /en	Natur
minke, -et	abnehmen	natt /a, Pl. netter	Nacht
minst	am wenigsten	i natt	heute Nacht
minutt /et	Minute	over natta	über Nacht
misforstå, misfor-	missverstehen	navn /et	Name
sto(d), misforstått		ned	nieder, herab,
moden	reif		hinab
moderne	modern	nede	unten
mor /a, Pl.mødre	Mutter	nederst	zu unterst
morgen /en	Morgen	nedlagt	stillgelegt
i morgen	morgen	nedover	hinunter
om morgenen	morgens	nei, nei da	nein
morfar /en	Großvater	nemlig	nämlich
	mütterlicherseits	neppe	kaum

neste	nächste, am nächsten	oktober	Oktober
nesten	fast, beinahe	olje /en	Öl
nettopp	gerade	om	ob
ni	neun	ombestemme, -mte	sich anders entschließen
nitten	neunzehn	om bord	an Bord
nitti	neunzig	omkjøring /en	Umleitung
noe	etwas	omtrent	ungefähr
noen	jemand, Pl. einige	onkel /en, Pl. -kler	Onkel
nok	genug, wohl	onsdag	Mittwoch
nokså	ziemlich	operere, -te	operieren
nord	Norden	opp	auf, aufwärts
nord for	nördlich von	gå opp	nach oben gehen
nordlig	nördlich	oppfarende	aufbrausend
nordmann /en, Pl. -menn	Norweger	oppholdsvær /et	niederschlagsfreies Wetter
Norge	Norwegen	oppleve, -de	erleben
norsk	norwegisch	opplysning /en	Informationen, Auskunft
november	November		
nummer /et	Nummer	oppover	hinauf
ny	neu	opprinnelig	ursprünglich
nydelig	lecker	oppskrift /en	Rezept
nyoppusset	renoviert	opptatt	besetzt, beschäftigt
nysgjerrig	neugierig	orange	orange
nødvendig	notwendig	orden /en	Ordnung
nøkkel /en, Pl. -kler	Schlüssel	i orden	in Ordnung
		Oslo Sentralstasjon	Hauptbahnhof in Oslo
nær	nah		
nærmere	näher	oss	uns
nærmest	am nächsten	ost /en	Käse
nå	jetzt	ostedisk /en	Käsetheke
når	wann, wenn	over	über, hinüber
		overdrive, overdrev, overdrevet	übertreiben
		overfor	gegenüber
O		overhodet	überhaupt
offentlig	öffentlich	overkropp /en	Oberkörper
ofte	oft	(over)lykkelig	(über)glücklich
og	und	overveiende	überwiegend
også	auch		
oksekjøtt /et	Rindfleisch		

P

pakke /a	Paket
pannekake /a	Pfannkuchen
panser /et	Motorhaube
pappa /en	Papa
par /et	Paar
parkere, -te	parken
parkerings- forbud /et	Parkverbot
parkeringshus /et	Parkhaus
parkeringsplass /en	Parkplatz
parkometer /et	Parkuhr
pass /et	Pass
passe, -et	passen
passe seg, -et	auf sich aufpassen
pen	schön, hübsch
penger, Pl.	Geld
pensjonist /en	Rentner/in, Pensionär/in
pepper /et	Pfeffer
perrong /en	Bahnsteig
persille /en	Petersilie
person /en	Person
pizza /en	Pizza
planlegge, -la, -lagt	planen
plass /en	Platz
plassbillett /en	Platzkarte
plate /a	Platte
pleie, -et	pflegen
plukke, -et	pflücken
plutselig	plötzlich
polarsirkel /en	Polarkreis
politistasjon /en	Polizeiwache
positiv	positiv
postkontor /et	Post
potet/a	Kartoffel
potetmos /en	Kartoffelpüree
praktfull	großartig
praktisk	praktisch

presang /en	Geschenk
pris /en	Preis
privat	privat
problem /et	Problem
program /met	Programm
prøve, -de	probieren
pub /en	Kneipe
pusse, -et	putzen
pusse opp	renovieren
pute /a	Kopfkissen
pynt /en	Schmuck
pære /a	Birne
pølse /a	Wurst
på	auf, an
på besøk	zu Besuch
på forhånd	im Voraus
på gjensyn	auf Wiedersehen
på lenge	seit langem

R

rabattordning /en	Ermäßigung
rad /en	Reihe
ramle, -et	fallen
rampete	rüpelhaft
rask	schnell
reagere, -te	reagieren
regne, -et	regnen, rechnen
regnbyge /a	Regenschauer
regndress /en	Regenbekleidung
regnfrakk /en	Regenmantel
regning /en	Rechnung
regntøy /et	Regenbekleidung
reinsdyr /et	Rentier
reise, -te	reisen
reise med fly	mit dem Flugzeug fliegen
reisegodskontor /et	Gepäckaufbewahrung
reke /a	Krabbe

rekecocktail /en	Krabbencocktail	salat /en	Salat
rekesaus /en	Krabbensoße	salathode /et	Salatkopf
rekke /a	Reihe	salt /et	Salz
rekke, rakk, rukket	schaffen	salt	salzig
relativ	relativ	samme	derselbe, gleich
reol /en	Regal	samle, -et	sammeln
resepsjon /en	Rezeption	sammen	zusammen
resept /en	Rezept	sannelig	wirklich
rest /en	Rest	sans /en	Sinn
retningsnummer/et	Vorwahl	sau /en	Schaf
rett fram	geradeaus	se, så, sett	sehen, schauen
returbillett /en	Rückfahrkarte	sei /en	Seelachs
rimelig	preiswert	servere, -te	servieren
ringe, -te	anrufen	se ut	aussehen
rik	reich	seg	sich
risikere, -te	riskieren	seig	zäh
rolig	ruhig	seks	sechs
rom /met	Zimmer	seksten	sechzehn
rosin /en	Rosine	seksti	sechzig
rot /a, Pl. røtter	Wurzel	selge, solgte, solgt	verkaufen
rundstykke /et	Brötchen	selv om	obwohl
rute /a	Route	selvsagt	selbstverständlich
i rute	pünktlich	selvsikker	selbstsicher
rutebilstasjon /en	Busbahnhof	semester /et	Semester
rygg /en	Rücken	sende, -te	schicken, senden
ryggsekk /en	Rucksack	seng /a	Bett
rød	rot	sent	spät
rødvin /en	Rotwein	september	September
røntgenbilde /et	Röntgenbild	service /en	Service, Bedienung
røke, -te	rauchen	seter /-tra, Pl. -trer	Alm
røykekupé	Raucherabteil	sette, satte, satt	setzen, stellen
røykelaks /en	Räucherlachs	sette opp	aufstellen
røykfull	verräuchert	sette pris på	schätzen
rå	roh	siden	später, seit
råd /et	Rat	sikker	sicher
rådhus /et	Rathaus	sild /a	Hering
		silkeskjerf /et	Seidenschal
		simpel	gemein
S		sin	sein, ihr (Pronomen)
		sist	zuletzt
sal /en	Saal	sitte, satt, sittet	sitzen

237

sitteplass /en	Sitzplatz	skrå	schräg
sitte på	mitfahren	skuffelse /en	Enttäuschung
sjampinjong-	Champignonsuppe	skuffet	enttäuscht
suppe /a		skulder /dra,	Schulter
sjarmerende	charmant	Pl. -drer	
sjekk /en	Scheck	skulle	sollen
sjekke, -et	überprüfen	skummet melk	Magermilch
sjelden	selten	sky	scheu
sjenert	schüchtern	skydekke /et	Wolkendecke
sjokolade /en	Schokolade	skygge /en	Schatten
sjokolade-	Schokoladen-	skyld /a	Schuld
pudding /en	pudding	Skål!	Prost!
sju	sieben	slank	schlank
sjømann /en	Seemann	slappe av	sich entspannen
Pl. -menn		slippe	nicht brauchen,
sjøsyk	seekrank		entgehen
sjy /en	Fleischsaft	slepe på, -te	schleppen
skalldyrsalat /en	Schalentiersalat	slett ikke	gar nicht
skifte, -et	wechseln	slik at	sodass
skiftende	wechselnd	sliten	erschöpft
skikkelig	ordentlich	slitt	abgenutzt
skilt /et	Schild	sluddbyge /a	Schneeregen
skinnbukse /a	Lederhose	slutte, -et	aufhören
skinne, -nte	scheinen	sløyfe, -et	weglassen
skive /a	Scheibe	slå, slo, slått	schlagen
skje, -dde, -dd	geschehen	slå et nummer	eine Nummer
skjelle ut, -te	ausschimpfen		wählen
skjemme bort, -te	verwöhnen	slå seg ned	sich niederlassen
skjorte /a	Hemd	smake på	probieren, kosten
skjære, skar,	schneiden	smaksak /en	Geschmackssache
skåret		smittsom	ansteckend
skjønne, -nte	verstehen	smerte /en	Schmerz
skjørt /et	Rock	smør /et	Butter
skog /en	Wald	småbruk /et	kleiner Bauernhof
skremme, -mte	erschrecken	småby /en	Kleinstadt
skrike, skrek,	schreien	småpenger, Pl.	Kleingeld
skreket		småting, Pl.	Kleinigkeiten
skrive, skrev,	schreiben	snakke, -et	sprechen
skrevet		snart	bald
skrive under	unterschreiben	snaut	knapp, gerade
skru, -dde, -dd	drehen	snill	lieb, nett

snø, -dde, -dd	schneien	spørre, spurte, spurt	fragen
snø /en	Schnee	spørsmål /et	Frage
snøbyge /a	Schneeschauer	standig	ständig
sofa /en	Sofa	stanse, -et	anhalten
sol /a	Sonne	starte, -et	starten, anfangen
som (Relativpron.)	der, die, das	steke, -te	braten
som (Vergleichs-	wie	stekeovn /en	Backofen
konjunktion)		stekepanne /a	Bratpfanne
sommer /en,	Sommer	stemme, -mte	stimmen
Pl. -mrer		stemning /en	Stimmung
i sommer	dieser Sommer	stenge, -te	schließen
om sommeren	im Sommer	stereoanlegg /et	Stereoanlage
til sommeren	nächsten Sommer	sterk	stark
sommerjobb /en	Ferienjob	stige, steg, steget	steigen
sort	schwarz	stilling /en	Stellung
sove, sov, sovet	schlafen	stirre, -et	starren
soverom /met	Schlafzimmer	stiv	steif
sovevogn /a	Schlafwagen	stoppforbud /et	Halteverbot
sovne, -et	einschlafen	stor	groß
spagetti /en	Spaghetti	storinnkjøp /et	Großeinkauf
spasere, -te	spazieren	stor stas	große Freude
spennende	spannend	strø, -dde, -dd	streuen
spent	gespannt	strøk /et	Gegend, Gebiet
spill /et	Spiel	student /en	Student/in
spille, -lte	spielen	studere, -te	studieren
spise, -te	essen	studiebevis /et	Studentenausweis
spise frokost	frühstücken	studietur /en	Studienfahrt
spisested /et	Speiselokal	stue /a	Wohnzimmer
spisevogn /a	Speisewagen	stygg	hässlich
sport /en	Sport	stå, sto, stått	stehen
sport- og fritids-	Sport- und Frei-	stå opp	aufstehen
klær, Pl.	zeitkleidung	sukker /et	Zucker
sportsbod /en	Abstellraum für	super	super
	Sportgeräte	supermarked /et	Supermarkt
sportsforretning	Sportgeschäft	suppe /a	Suppe
/en		sur	sauer
spredt	vereinzelt	surkål /en	Sauerkraut
sprøyte /a	Spritze	svak	schwach
språkkurs /et	Sprachkurs	svar /et	Antwort
spøk /en	Spaß, Witz	svare, -te	antworten
spøke, -te	spaßen	Sveits	Schweiz

sveitsisk	schweizerisch	**T**	
svenske /en	Schwede		
svigerdatter /tra,	Schwiegertochter	ta, tok, tatt	nehmen
Pl. -døtre		ta av seg	sich ausziehen
svigerforeldre, Pl.	Schwiegereltern	tablett /en	Tablette
svigersønn /en	Schwiegersohn	ta feil	sich irren
svimmel	schwindelig	tang /a, Pl. tenger	Zange
sviske /a	Zwetschge	tann /a, Pl. tenner	Zahn
svært	sehr	tante /a	Tante
svømme, -mte	schwimmen	ta sjansen	wagen
svømmehall /en	Schwimmhalle	takk	danke
sydlandsk	südländisch	te /en	Tee
syk	krank	telefon /en	Telefon
sykdom /men	Krankheit	telefonboks /en	Telefonzelle
sykebil /en	Krankenwagen	telefonkiosk /en	Telefonzelle
sykehus /et	Krankenhaus	telefonsamtale /en	Telefongespräch
sykepleier /en	Krankenpfleger/in	telt /et	Zelt
syltetøy /et	Marmelade	temmelig	ziemlich
sympatisk	sympathisch	temperatur /en	Temperatur
synes, -tes	meinen	tenke, -te	denken
synd	schade	teppe /et	Teppich
synke, sank,	sinken	terrasse /en	Terrasse
sunket		terrassedør /a	Terrassentür
sytten	siebzehn	tett	dicht, voll
sytti	siebzig	ti	zehn
særlig	besonders	tid/a	Zeit
søndag	Sonntag	ei ukes tid	ungefähr eine
sønn /en	Sohn		Woche
sør	Süden	tidlig	früh
søren også	wie schade	tier /en	Zehnkronenstück
sørlig	südlich	til	zu, nach, für, in
søster /tra,	Schwester	tilbake	zurück
Pl. -trer		tilbakeholden	zurückhaltend
søt	süß	tilbud /et	(Sonder)angebot
så	so, dann	til dels	teilweise
så allikevel	sowieso	til fjells	ins Gebirge, in die
så lenge	so lange		Berge
sånn	so	til fots	zu Fuß
sånn at	sodass	til gjengjeld	dafür
sånn sett	so gesehen	til hjelp	zu Hilfe
såvidt	soweit	til høyre	rechts

240

tilsammen	zusammen	tung	schwer
til slutt	schließlich	tungvint	schwierig
tilslørte bonde-	Apfelmus mit	tur /en	Fahrt, Tour
piker	Schlagsahne und	Det er din tur.	Du bist an der
	Krokant		Reihe.
til venstre	links	turist /en	Tourist
time /en	Stunde	turistbunad /en	Touristentracht
tirsdag	Dienstag	turistklasse /en	zweiter Klasse
tjue	zwanzig	turistsesong /en	Touristensaison
tjukk	dick	tusen	tausend
to	zwei	tv /en	Fernseher
toalett /et	Toilette	tvert imot	im Gegenteil
tog /et	Zug	tvile, -te	zweifeln
togkupé /en	Zugabteil	type /en	Typ
togvertinne /a	Zughostess	typisk	typisch
tolv	zwölf	tyrolerhatt /en	Tirolerhut
tomat /en	Tomate	tysk	deutsch
tordenvær /et	Gewitter	Tyskland	Deutschland
torsdag	Donnerstag	tyttebær /et	Preiselbeere
torsk /en	Dorsch	tøff	toll
trafikk /en	Verkehr	tøyse, -et	spaßen
trafikkregel /en,	Verkehrsregel	tøysekopp /en	Witzbold
Pl. -regler		tåke /a	Nebel
trafikkskilt /et	Verkehrsschild	tå /a, Pl. tær	Zehe
trang	eng		
trapp /a	Treppe		
tre	drei	**U**	
tre /et, Pl. trær	Baum		
trebygning /en	Holzgebäude	ufarlig	ungefährlich
trekkfull	zugig	uke /a	Woche
treffe, traff, truffet	treffen	ukeblad /et	Illustrierte
trenge, -te	brauchen	ukedag /en	Wochentag
tretten	dreizehn	ulik	ungleich
tretti	dreißig	umulig	unmöglich
trikk /en	Straßenbahn	under	unter, während
tro, -dde, -dd	glauben	underetasje /en	Keller
trollkrem /en	Preiselbeeren mit	underlig	seltsam
	Schlagsahne	underskrift /en	Unterschrift
trygg	sicher	underveis	unterwegs
trøtt	müde	unektelig	zweifellos
tull	Quatsch	ung	jung

unge /en	Kind	varm	warm, heiß
ungkar /en	Junggeselle	varme opp, -et	aufwärmen
Unnskyld!	Entschuldigung!	vaske, -et	waschen
unnskylde, -te	entschuldigen	vaske opp, -et	spülen
unnskyldning /en	Entschuldigung	ved	bei
upraktisk	unpraktisch	vei /en	Weg
ut	aus, heraus	veksle, -et	wechseln
ute	draußen	vekslegebyr /et	Wechselgebühr
uten	ohne	vel	wohl
utenfor	außerhalb	Vel bekomme.	Wohl bekomm's.
utenlandssamtale	Auslandsgespräch	Vel hjem.	Komm(t) gut
/en			nach Hause.
utgave /en	Ausgabe	vel, vel	nun gut
utland /et	Ausland	veldig	sehr
utlending /en	Ausländer/in	velge, valgte, valgt	wählen
utmerket	ausgezeichnet	velkommen	willkommen
utseende /et	Aussehen	til bords	zu Tisch
utslitt	erschöpft, abge-	til oss	bei uns
	nutzt (bei Sachen)	vende, -dte	wenden
utsolgt	ausverkauft	venn /en	Freund/in
utstyr /et	Ausrüstung	vennlig	freundlich
uttale, -te	äußern, ausspre-	venstre	links
	chen	vente, -et	warten
uttale /en	Aussprache	Vent litt!	Einen Augenblick!
utvalg /et	Auswahl	veranda /en	Veranda
utålmodig	ungeduldig	verden /en	Welt
uvel	unwohl	veske /a	Tasche
uvær /et	Unwetter	vest	Westen
		vestlig	westlich
		vi	wir
V		viftereim/a	Keilriemen
		viktig	wichtig
vakker	hübsch, schön	vill	wild
vaktmann /en,	Platzwart	ville, vil, ville,	wollen
Pl. -menn		villet	
vaniljesaus /en	Vanillesoße	vin /en	Wein
vanlig	gewöhnlich	vindu /et	Fenster
vanligvis	normalerweise	vindusplass /en	Fensterplatz
vann /et	Wasser	vindusvisker /en,	Scheibenwischer
vanskelig	schwierig	Pl. -e	

242

vinter /en, Pl. -trer	Winter	**Ø**	
virke, -et	wirken	øke, -te	zunehmen
virkelig	wirklich	øl /et	Bier
vite, vet, visste, visst	wissen	ønske /et	Wunsch
		ønske, -et	wünschen
vitrinskap /et	Vitrine	øst	Osten
vokse opp, -te	aufwachsen	øre, -et	Ohr
voksen	erwachsen	ørebetennelse /en	Mittelohrentzün-
vondt	weh		dung
vær /et	Wetter	Østerrike	Österreich
være, er, var, vært	sein	østerriksk	österreichisch
		østlig	östlich
være lei seg	traurig sein	øverst	oberste
være nødt	gezwungen sein	øye /et, Pl. øyne (øyer)	Auge
være redd	Angst haben		
være vant	gewohnt sein		
værelse /et	Zimmer		
værmelding /a	Wetterbericht	**A**	
vær så god	bitte		
væske /a	Flüssigkeit	å	zu
våkne, -et	aufwachen	åpne, -et	öffnen
vår	unser	år /et	Jahr
vår /en	Frühling	åtte	acht
		åtti	achtzig

Y

yndlingsrett /en	Lieblingsessen
yngre	jünger
yngst	am jüngsten
ypperlig	ausgezeichnet
yrende liv	reges Leben
yrke /et	Beruf
yrkeshemmelighet /en	Berufsgeheimnis
yttertøy /et	Oberbekleidung (die man draußen trägt)

Bjørn Kvifte · Verena Gude-Husken

Praktische Grammatik
der norwegischen Sprache

Die *Praktische Grammatik der norwegischen Sprache* ist die erste ausführliche Lern- und Nachschlagegrammatik für deutschsprachige Norwegischlernende. Sie ist aus langjähriger Unterrichtspraxis der beiden Autoren an Universität und Volkshochschule hervorgegangen und **wendet sich an Studierende des Faches Nordische Philologie/Nordistik/Skandinavistik** und an **Teilnehmer von Norwegisch-Kursen an Volkshochschulen**. Die Grammatik ergänzt das im Unterricht verwendete Lehrwerk und **bietet eine zusammenhängende Orientierung über die grammatischen Grundlagen der norwegischen Sprache (bokmål)**.

Nach einem einleitenden Kapitel über Aussprache und Schreibung des Norwegischen werden die einzelnen Wortarten (Substantiv, Artikel, Adjektiv, Verb usw.) systematisch hinsichtlich ihrer Formen, ihres Gebrauchs und eventueller Besonderheiten vorgestellt. Die letzten drei Kapitel beschäftigen sich mit dem Satzbau. Das ausführliche Inhaltsverzeichnis und das umfangreiche Wort- und Sachregister am Ende des Buches ermöglichen ein schnelles und gezieltes Nachschlagen grammatischer Fragestellungen.

Die sprachlichen Strukturen werden anhand zahlreicher Beispielsätze, die auf dem Grund- und Aufbauwortschatz der norwegischen Sprache basieren, in leicht verständlicher Weise erklärt. Durch die konsequente und systematische kontrastive Beschreibung werden sowohl die Unterschiede als auch die Gemeinsamkeiten zwischen dem Norwegischen und dem Deutschen verdeutlicht. **Alle Beispielsätze sind ins Deutsche übersetzt, damit die Lernenden zugleich ihren aktiven Wortschatz erweitern können. Die Grammatik eignet sich daher auch besonders gut für das Selbststudium.**

Diese Grammatik wird ergänzt durch das Lehrwerk *Übungsbuch zur norwegischen Grammatik* ISBN 978-3-936496-55-0.

Bestellcoupon

Bitte senden Sie mir __ Exemplar(e) des Buches

Bjørn Kvifte/Verena Gude-Husken: *Praktische Grammatik der norwegischen Sprache.* ³2005, XIV + 169 Seiten, ISBN 978-3-926972-54-5, zum Preis von EUR 21,00.
Name:... Datum:..

Anschrift:...

.... Unterschrift:......................................

gottfried egert verlag - Postfach 1180 - D-69259 Wilhelmsfeld
Telefax: (0)6220/6701   e-mail: egertverlag@t-online.de
www.egertverlag.de

Lehrwerke Skandinavische Sprachen und Chinesisch

Bjørn Kvifte
Verena Gude-Husken

Praktische Grammatik der norwegischen Sprache

gottfried egert verlag

Bjørn Kvifte / Verena Gude-Husken:
Praktische Grammatik der norwegischen Sprache.
^{3}2005, XIV + 169 S.,   € 21,00   ISBN 978-3-926972-54-5

Bjørn Kvifte / Verena Gude-Husken:
Übungsbuch zur norwegischen Grammatik.
Mit einem Schlüssel zu den Übungen.
2005, VII + 159 S.,   € 19,00   ISBN 978-3-936496-55-0

Bjørn Kvifte / Margit Berg:
God tur. Lehrbuch der norwegischen Sprache.
^{5}2007, XIV + 243 S.,   € 16,00   ISBN 978-3-926972-63-7
Schlüssel zu den Übungen.
1999, I + 26 S.,   € 5,00   ISBN 978-3-926972-72-9
2 Tonkassetten   € 20,00   ISBN 978-3-926972-75-0
2 CDs   € 20,00   ISBN 978-3-926972-97-2

Birgitta Ramge:
Praktische Grammatik der schwedischen Sprache.
2007, XVII + 355 S.,   € 21,00   ISBN 978-3-926972-90-3

Birgitta Ramge:
Übungsbuch zur schwedischen Grammatik.
2005, VI + 183 S.,   € 15,00   ISBN 978-3-936496-03-1
Schlüssel zu den Übungen.
2005, I + 66 S.,   € 5,00   ISBN 978-3-936496-04-8

Gunilla Rising Hintz:
Svenska – Lehrbuch der schwedischen Sprache.
2007, ca. 230 S.,   € 18,00   ISBN 978-3-936496-14-7
Schlüssel zu den Übungen.
2007   € 5,00   ISBN 978-3-936496-15-4

Yan Yin:
Chinesisch – Sprachpraxis im Alltag.
Ein Lehrbuch für Anfänger.
^{4}2006, XIV + 237 S.,   € 16,00   ISBN 978-3-936496-70-3
Schlüssel zu den Übungen.
2005, I + 60 S.,   € 5,00   ISBN 978-3-926972-71-2
2 Tonkassetten   € 26,00   ISBN 978-3-926972-76-7
2 CDs   € 26,00   ISBN 978-3-926972-96-5

Yan Yin:
Chinesisch – Sprachpraxis für Fortgeschrittene.
Ein Lehrbuch mit interkulturellen Themen.
2006, XII + 240 S.,   € 16,00   ISBN 978-3-936496-06-2
Übersetzungen und Schlüssel zu den Übungen.
2006, II + 40 S.,   € 5,00   ISBN 978-3-936496-07-9
2 CDs   € 26,00   ISBN 978-3-936496-08-6

Yan Yin-Intemann:
Chinesisch – Sprachpraxis für Geschäftsleute.
2003, X + 275 S.,   € 19,00   ISBN 978-3-926972-92-7
2 Tonkassetten   € 26,00   ISBN 978-3-926972-94-1
2 CDs   € 26,00   ISBN 978-3-926972-93-4

Gerne senden wir Ihnen weitere Informationen zu den aufgeführten Buchtiteln sowie zu unseren Lehrwerken für die romanischen Sprachen zu.

Zu bestellen in Ihrer Buchhandlung oder direkt bei: gottfried egert verlag
Postfach 1180
D-69259 Wilhelmsfeld
Telefax 0 62 20 / 67 01
e-mail: egertverlag@t-online.de
www.egertverlag.de